JN213748

未経験からの正社員就職に失敗しない方法

はたらく「自信」のつくり方

株式会社ジェイック 執行役員 柳井田 彰

ダイヤモンド社

はじめに

「そろそろ就職したいけど、こんな自分でも雇ってくれる会社はあるのかな」
「なんとなく就職を決めたけど、今の会社、しっくりきていないんだよなぁ」
「大学を中退した自分なんて、ろくな就職なんてできるわけない……」
「『就活生に有利な売り手市場』とニュースでは見るけど、なぜ自分はうまくいかないんだろう……」

この本を手に取ってくれたみなさんの中には、このような悩みを抱えて、日々もんもんと過ごしている人も多いのではないでしょうか？

日本経済新聞の２０２５年度採用状況調査では、主要企業の大卒内定者（２０２５年春入社）は、２０２４年春の入社数に比べて４・０％増と、３年連続で増加したそうです。

企業はあの手この手で働き手の確保に必死です。そして経済のほうも、コロナ禍から復活して実質ＧＤＰ成長率が４年連続のプラスとなり、好調――。

しかし、ちょっと待ってください。

経済が復活し、売り手市場だからといって、若者の多くが本当に自分の望む企業に就職して、毎日充実した「社会人人生」を歩んでいるのでしょうか？

あるいは、何らかの事情で「新卒での就職」をせず、昨今の「売り手市場の波」に乗れなかった（乗らなかった）若者は、あきらめるしかないのでしょうか？

私は、そんなことは決してないと思っています。

誰もが、社会で活躍できる「強み」を実は持っているのに、それに気づいていない

か、もしくは強みを発揮するきっかけをつかめていないだけだと思っています。

申し遅れましたが、私は就職支援・採用支援・社員の教育支援を行っている、株式会社ジェイックの柳井田彰と申します。

ジェイックは、フリーターや中退者、第二新卒者、大学3〜4年生の就職支援を行っている会社で、これまで20年近くにわたり、3万人以上の若者の就職支援をしてきました。

大学3〜4年生の支援では、全国160の大学の支援実績があり、過去には関東全域のハローワークから受託して、年間3000回以上の就職支援セミナーを実施していたこともあるなど、若者の就職支援の分野では歴史・実績ともにある会社です。

その中で私は、フリーターや中退者、第二新卒者の就職支援を行っている「就職カレッジ®」の責任者を務めています。

そんな私が長年彼ら、彼女らを見て感じるのは、就職活動の成否を分けるのは紙一重であり、うまくいかなかったのは、ほんの少しの「ボタンの掛け違い」が原因であるということです。

実際、「強み」があるにもかかわらず、人前で話すのが少しだけ苦手なために面接でうまくアピールできない人や、人に誇れる長所が本当はあるのに、自分ではそれに気づいていない若者にもたくさん出会ってきました。

ほかにも、経済的な理由で学校を中退し新卒での就活ができなかった人、就職はしたものの、企業から事前に聞いていた条件とまったく違っていたことが原因で早期離職をした人など、もはや本人の問題ではなく、置かれた環境の問題としか言いようがないケースもあります。

本書『はたらく「自信」のつくり方』は、そんな「はたらくことに不安を抱えている人」や「自分に自信が持てない人」のための1冊です。

この本はＳＴＡＧＥ１からＳＴＡＧＥ３までの3部構成となっており、段階を追って自信を育てていくプロセスとなっています。

ＳＴＡＧＥ１では、「不安をなくして自信をつける」をテーマに、働くことへのネガティブな感情や不安を取り除く方法をお伝えします。

続くＳＴＡＧＥ２では、「自分を知って自信をつける」ために、自分の強みやキャリアビジョンを見つける自己分析のやり方を具体的に紹介します。

そしてＳＴＡＧＥ３では、「面接に向けて自信をつける」をテーマに、就職活動の本番でもある面接にどう立ち向かい、自分を表現していくかを解説します。

ジェイックの「就職カレッジ®」に参加し、自信をつけた人たちは、今、さまざまな業界で活躍しています。人事担当となって次世代の社員を育てている人もいれば、企業の要職で経営を支えている人もいます。

「はたらくことは楽しい」

そんなことを実感し、目を輝かせている彼ら、彼女らのように、この本があなたの新しい一歩を踏み出すきっかけとなればうれしく思います。

株式会社ジェイック　執行役員
柳井田　彰

はたらく「自信」のつくり方　目次

STAGE 2

自分を知って自信をつけよう

STAGE 3 面接に向けて自信をつけよう

STAGE

1

不安をなくして自信をつけよう

STEP

1

「不安」の正体を見つけよう

不安を感じているのは、あなただけじゃない！

これから就職活動を始めようと考えているなら、あなたの心の中には、次のような悩みや不安が浮かんでいるかもしれません。

「本当に就職できるのかなぁ」
「自分に合う仕事や会社なんてあるのかなぁ」

「就職できたからって、長く働けるのだろうか……」

どの不安も、もっともなものだと思います。

「本当に就職できるのかなぁ」
↓就職活動をしてみないと、わからないですよね。

「自分に合う仕事や会社なんてあるのかなぁ」
↓これも、就職活動をしてみないと、または実際に就職してみないとわからないことです。

「就職できたからって、長く働けるのだろうか……」
↓やはり就職してみないとわかりません。

このように、**不安とは多くの場合、「やったことのない、わからないこと」に対する感情**です。だからこそ、考えているだけで答えが出る、解決されるものは少ないと言えます。

それならば、**「不安とはそういうものなんだ」「新しいことを始めるときは、不安がつきものなんだ」と捉えてしまうほうがよいかもしれません。**

なぜならこれから就職活動を始めよう、というあなたがいろいろと不安を感じるのは当然といえば当然のことなのですから。

不安の正体を、データを使って読み解く

新しいことを始めるときは、未来がわからないからこそ不安がつきものだ、とお伝えしました。

一方で、「不安を感じやすい人」と「不安を感じにくい人」っていますよね。

あるいは、同じ人でも、物事によって不安を大きく感じたり、それほど感じなかったりすることがあるかもしれません。この違いは、どうして生まれるのでしょうか？

ＳＴＡＧＥ１の目的は、そうした「不安」の正体について考えたうえで、**「自信」を取り戻すためのヒント**を知ることです。

まずは「不安」の正体について、一緒に考えてみましょう。

実は「不安」の正体を探るうえで、興味深いデータがあります。

「世界幸福度ランキング」というものを、聞いたことはありませんか？

発表されるたびに、テレビやネットのニュースで「日本人は幸福度が低い」と言われる、あのランキングです。

最新のデータ（２０２４年版）では、日本は１４３か国の中で51位。ちなみに１位は7年連続でフィンランド、2位はデンマーク、3位はアイスランドと、北欧の国々が並んでいます。G7（主要7か国首脳会議の参加国）の中では、カナダが15位、イギリスが20位、アメリカが23位、ドイツが24位、フランスが27位、イタリアが41位で、51位の日本はダントツの最下位です。

もう1つ、データを紹介しましょう。

アメリカのギャラップ社という会社が行っている、「エンゲージメント率」に関する調査データです。「エンゲージメント」とは、ひと言でいえば、仕事への愛着、やる気といった「ポジティブな感情」のこと。ここでも日本は145か国中、最下位です。

なぜ、日本人は幸福度や仕事に対するエンゲージメント率が低いのでしょうか。

理由はいくつもありそうですが、バブルが崩壊して以降、日本経済が低迷を続けていることに加え、少子高齢化が進んだことで、社会全体の活気が失われてしまっていることも原因の1つじゃないかな、と私は思います。

また、コロナ禍による倒産企業の増加や、シニア層のリストラのニュースなど、ネガティブな情報が耳に入ることも、要因だといえそうです。

さらには、

「今、一生懸命働いても、老後、年金をもらえないかもしれないし……」

「給料はこれから上がっていくだろうか……」

という、さまざまなマイナスの心配事が幸福度を下げているような気もします。

「人生の自由度」と「不安」の関係

では、幸福度の話が、不安とどのような関係にあるのでしょうか？

先ほどお話ししたように、幸福度やエンゲージメント率の低さにはさまざまな要因が絡み合っていますが、私が注目しているのは、「幸福度ランキング」を調べる指標の1つでもある、**「人生の自由度」**という項目です。

「人生の自由度」とは、「自分の人生における選択の自由についての満足度」であり、「人生における選択肢の広さ」と言えるでしょう。

選択肢が広い人（広いと感じている人）は幸せであり、選択肢が狭い人（狭いと感じている人）は幸せではない、ということです。

つまり、本当に選択肢が狭いかどうかは別として、何かをやりたいと思っても、「今の自分の能力では難しい」と感じたり、目標があったとしても「どうせ無理だろう」とあきらめてしまったりすると、選択肢はどんどん狭まっていき、さらに自信を失ったり、より大きな不安につながったりしていく……ということ。

あなたも心当たりはありませんか？

就職活動に関することじゃなくても、これまでの学校生活や趣味などで、「自分には無理だ」とあきらめたり、問題を先送りにしたりして、状況をどんどん悪化させてしまった、という経験。

実際、私が長らく携わってきた、フリーター、中退者、第二新卒専門の就職支援サービス「就職カレッジ®」に参加する求職者の多くは、「人生の選択肢が狭い」と感じて、自信をなくしたり、将来に不安を感じたりしています。

「自信のなさ」や「不安」の中身は人それぞれなので、ひとくくりに「これが原因だ」と言い切れるものではありませんが、ここでは一例として、フリーター、中退者、第二新卒の3つのケースを例に挙げて、それぞれの「不安の正体」を紹介していきましょう。

①フリーターが抱える不安

たとえば、今現在、アルバイトをしながら過ごしている人の中には、新卒時に就職しなかったことや長期間のブランクを大きなマイナスと捉えて、「今から就職しようと思っても、就職先は限られているのではないか」「興味のある仕事はあるけど、自分の経歴では選べないんじゃないか」と不安に思っている人がいます。

あるいは、「バンドでプロデビュー」という夢を追って頑張ってきた人は、その夢から離れて就職活動をしようとするとき、それまでの自分を否定する気持ちになってしまい、「今まで自分は、まともにスーツを着たこともない。こんな自分を採用してくれる企業なんてあるのだろうか？」と思ってしまうかもしれません。

さらに、新卒時代と違って周りに就職活動をしている人がおらず、情報が入ってこないために、「就活する方法がわからない。自分には就職の選択肢がないのではないか」

と思ってしまう人もいます。

② 大学中退者が抱える不安

「大学生活がつまらなかった」「授業料を払えない」「なんとなくやる気が出なかったので辞めた……」など、中退する理由は人それぞれですが、次のような不安を抱え、就職活動を開始できずにいる人がたくさんいます。

「中退なので、大卒以上の求人は受けられない。選択肢はほとんどないのではないか」
「大学４年間をまっとうできなかった自分を歓迎してくれる会社なんてあるだろうか」
「家庭の事情で、突然の中退。就活の準備なんて全然できておらず、取るべき行動がわからない……」

中退したことで自信を失い、フリーター同様に情報が入ってこないことでさらにその不安が加速するケースもあります。

③第二新卒が抱える不安

不安を抱えているのはフリーターや中退者だけではありません。就職はしたものの辞めようか悩んでいたり、さまざまな理由から早期に離職したりした人は、次のような不安を抱えています。

「期待して入社したけど、イメージと全然違って毎日もやもやしている。転職も考えるけど、そんなにうまく転職できるのだろうか」

「日々仕事が忙しく、生活するだけで精一杯で疲れてしまう。今の忙しさの中で転職活動をする余力はないけど、1年後もこの会社にいることを想像したくない……」

「上司や同僚とうまくやれずに会社を辞めてしまった。自分には会社員は向いていないんじゃないか……」

一度就職したものの、このような悩みや不安を抱えて日々戦っている人も少なくありません。

ここでご紹介した、フリーター、中退者、第二新卒の悩みや不安はそれぞれ違いますが、「自分はこの先、うまくいくのだろうか……」と感じている点は共通しています。

そして、その**自信のなさ、不安の原因の1つは、「選択肢が狭いこと」（本人がそう思っていること）**だと私は考えています。

フリーターや中退者、早期離職者が心がけるべきこと

たしかに、新卒時の就職活動に比べれば、フリーターや中退者、早期離職者の就職活動が簡単ではないのは事実です。

しかもそうしたみなさんの場合、新卒時に比べ、①一緒に活動する仲間がいない、

②就活イベントも少ない、③OB・OG訪問の機会もなかなかない、といった環境であることが多いので、就職活動に関する情報がほとんど入ってきません。その結果、1人で考え、悩み、本当に選択肢がないように感じてしまう……。これは無理のないことだと思います。

ただ、私が長年、就職や転職の相談を受けてきた中で感じるのは、**「実際の選択肢の少なさ、自由度の低さ以上に、選択肢がない、自由度がないと思い込んでしまっているという人が本当に多い」**ということです。

というのも、私たちが実際に就職支援をすると、たくさんの方が、「そんな仕事があるとは知らなかった」「いくらでもやれることはあると気づけた」「思った以上に内定がとれた、もっと早く必要な情報を集めて行動すれば良かった」と声を弾ませます。

だからこそ、あなたにも本書を読んで、「選択肢を狭めない考え方や行動」を知ってもらいたいと思っています。

そうすれば自信のなさや不安はある程度解消することができますし、**行動することで、実際の選択肢がどれぐらいあるか（意外とあるということ）がリアルに感じられる**はずです。

続くSTEP2からSTEP5では、「選択肢を狭めない」考え方や行動について、お話ししていきます。

ポイント 1

不安の正体は、「選択肢が狭い」と感じていること。そこから抜け出すためには、「選択肢を狭めない」考え方を知ることが大事！

STEP 2

「弱み」を気にしすぎず、「強み」を考えよう

弱みを気にしすぎるのはもったいない！

「選択肢を狭めない」考え方として最初に紹介するのは、**「自分の弱みを気にしすぎない」**ということです。

「自分は、人づきあいが苦手だ」
「自分は、口下手だ」

「自分は、新しいことに取り組むのが苦手だ」
「自分は、飽きっぽい性格だ」
「自分は、心配性だ」
「自分は、計画性がない」
「自分は、落ち着きがない」
「自分は、暗い」

だから、就活も、就職してもうまくいかないのではないか——。

このように、自分の弱みをクローズアップして、「だから自分はダメなのでは」と思ってしまう人が多くいます。

しかし、それでは自分の選択肢を狭めてしまうことになりかねません。
就職活動において、弱みを過度にマイナス評価するのは、実はもったいない考え方だとも言えます。

その理由は2つあります。

1つ目の理由は、**あなたが思う弱みがそれほどマイナスにならない仕事も、世の中には少なからずある**からです。

たとえば、「口下手である」という弱みについては、コンピューターを相手にするプログラマーにとってはそれほど重要ではありませんし、「新しいことに取り組むのが苦手」というのも、決まったことを正確に繰り返すことが求められるルーティンワークでは、あまりマイナスにはならないかもしれません。

たしかに会社の一員になるのですから、「時間を守る」などの、「どの仕事にも共通して重要」なことはありますが、私の経験で言えば、**多くの人が自分の弱みを過度に**

気にして、自信をなくしてしまっているように思います。

まずは、「あなたが思う弱みが、それほど影響しない仕事もある」ということを、認識してみてください。

弱みを過度にマイナス評価するのがもったいない2つ目の理由は、**弱みが影響しないどころか、仕事によっては逆に強みになる**、ということもあるからです。

「自分は心配性だ」という弱みは、慎重さが求められる仕事においては強みとなるでしょうし、「計画性がない」という弱みは、裏を返せば「計画を念入りに立てなくても行動できる」という強みを持っているといえます。

ほかにも、

「自分は、口下手だ」↓「相手の話をじっくり聞くことができる」
「自分は、飽きっぽい性格だ」↓「いろいろなことに興味を持てる」
「自分は、落ち着きがない」↓「エネルギッシュで行動力がある」
「自分は、暗い」↓「落ち着いた雰囲気がある」

と置き換えられるかもしれません。
こうした、「弱みを強みに転換して考える」ことを「リフレーミング」といい、STEP8でも詳しくお話しします。ここでは**「弱みが強みになることもある。だから気にしすぎないようにする」**ということを知ってもらえれば大丈夫です。

ポイント 2
自分が思う「弱み」が、実は「強み」になることもある！

STEP

3

「過去の出来事」よりも未来を見よう

「過去の出来事」そのものがマイナス要因になることは、ほとんどない

ＳＴＥＰ２では、「選択肢を狭めない」考え方の１つとして「弱みを気にしすぎないこと」をお伝えしました。

続くＳＴＥＰ３では、加えて、「過去の出来事を気にしすぎない」という考え方をお伝えしていきましょう。

過去の出来事について、

「大学を中退してしまった」
「ダラダラとアルバイト生活を続けてしまった」
「特に目的もなく、新卒で就職せず、フリーターになってしまった」
「就職した会社をすぐに辞めてしまった」

だから、就職もうまくいかないんじゃないか——と、過去の出来事や失敗経験を大きなマイナス要因と捉えている人がいます。

しかし、**「過去の出来事」そのものが大きなマイナス要因になることは、実はほとんどありません**。

なぜなら、**企業は「過去に起きた出来事そのもの」よりも、「あなたがその出来事**

や原因をどう捉え、そこから何を学んだか」ということを重視しているからです。

失敗することは誰にだってあります。それは企業もよくわかっています。

そして企業にとって大事なのは、あなたを採用したときに、会社で活躍してくれるかどうかです。

だからたとえば、大学を中退したなら、「中退した事実そのもの」よりも、中退に至った原因や、それをどう捉えているかのほうがずっと大事。

「中退したから、もうダメだ……」と思考を止めるのではなく、なぜそういうことが起こったのか、今後はどうすれば良さそうかといったことを考えてしっかり説明できれば、企業はマイナスに捉えないことのほうが多いのです。

実際にあった例を2つ紹介しましょう。

1人目は、大学中退のAさん。Aさんは、アルバイトに熱中するあまり、大学の単位が不足して留年してしまい、その後、中退しました。

初めは「こんな自分が就職できるのか」と不安しかありませんでしたが、中退した原因を考える中で、原因は、①優先順位のつけ方を間違っていたこと（学業は放っておいて、アルバイトだけに打ち込んだ）、②そもそも、大学への入学がゴールになっていたこと（入学後、特に目標がなく、遊びたい気持ちが強かった）の2点であったことを認識。

その経験から、①行動を選択する際、「今やるべきこと」を考え、目先のやりたいことに流されずに選択すること、②大変でも頑張りたいと思える「目標やゴール」あるいは「自分のキャリア」を考えること、の2つを学びました。そして、その学びを企業に伝えた結果、前向きに評価されて内定をとることができました。

2人目のBさんは、新卒で入った会社（販売職）を半年で退職した方。「立ち仕事や、お客様のクレームを受けるのが嫌になってしまった」というのが退職の理由です。

そこで、そうなった理由をさらに深掘って考えたところ、Bさんは、①新卒での就活時、早く就活を終えたくて、内定が出たところへよく考えず入ってしまったこと、②その結果、立ち仕事の大変さや、お客様からクレームを受けることもあるのを想定せずに入社してしまったことが原因であると考えました。

それからのBさんは、①仕事を選ぶ際、今後の人生や目指したい姿などと合わせて考えるようになった、②仕事の大変なところも理解したうえで選ぶようになったとのことで、こうした学びを面接で企業に伝えた結果、評価を得て内定となりました。

このように、マイナスと思えるような出来事や経験について、なぜそうなってしまったのか、そこから何を得られたのかをきちんと伝えることができれば、出来事そのものは、あなたが思うほどマイナスにならないどころか、**「失敗から学べる人」としてプラスに映る**こともあるのです。

企業にとって大事なのは、あなたの過去ではなく、未来です。

もしあなたを採用した場合、採用後にどのような活躍をしてくれるかが大事なのであって、過去の出来事について聞くのは、それを考えるための参考情報に過ぎません。

つまり、あなたが自分の過去と真摯に向き合い、それを糧として頑張ろうと思っているなら、企業はそちらの意欲のほうを評価し、入社後のあなたに期待するのです。

このことをぜひ覚えておいてください。

ポイント 3

過去の出来事そのものは、大きなマイナスにはならない。そうなった原因と、そこから何を学んだかをしっかりと伝えられるようにしよう！

STEP

4

実際に社会人の話を聞いてみよう

社会人の話を、実際に聞いてみる

これまでのＳＴＥＰでは、「不安の正体」は選択肢の狭さにあると捉え、「選択肢を狭めない」考え方について話してきました。

ここまで読んで、「そうか、なるほど、ではそう考えよう！」と、さっそく前向きな気持ちになった人もいるかもしれませんが、多くの人は、

「いや、そうは言われても、ぼく（私）の中にある不安は、そう簡単にはなくならない」

という気持ちかもしれません。

あなたがもしそう思っているのなら、この本で私の意見に触れるだけでなく、実際に働いている社会人の意見も聞いてみてはいかがでしょうか。

身近な社会人なら、まず親御さんでもよいでしょう。ほかには、学生時代の先生や先輩、アルバイト先の社員さん、あるいは親戚やいとこの方で、実際に社会人として働いている方も考えられます。

そうした方たちに対して、「自分はこのような経歴なのだけど、就職は難しいと思うか」「こういう自分には、仕事の選択肢はないのだろうか」など、できるだけ今の不安を率直に伝えて、意見を聞いてみるのです。

そうすれば、おそらく多くの人が、

「まだ若いんだから、なんとでもなると思うよ」
「最初から希望通りにいくかはわからないけど、可能性はいくらでもあると思う」
「新卒学生に比べれば厳しい状況かもしれないけど、あきらめることはないよ」

など、条件つきかもしれませんが、きっと前向きな答えを返してくれるでしょう。

そうした意見を、**あなたが「自分には選択肢がある」「あきらめる必要はない」と考える後押しにしてほしい**と、私は思っています。

聞ける人が身近にいなかったら、就職支援会社などに行くのも有効

話を聞ける社会人が周囲にいない場合は、就職支援会社や、行政の支援機関の人に話を聞いてみるという方法もあります。

特にフリーターや中退者、第二新卒者を専門に就職支援をしているところは（私が所属するジェイックもそうです）、そうした方たちの就職成功事例をたくさん知っていますので、話を聞いたあとに「希望が持てた」「自分も良い就職ができそうだ」と思える可能性が高いのではないかと思います。

最近はそうした相談を、スマートフォンで全国どこからでも、希望すれば顔も見せずにすることができますので、検討してみるのもよいでしょう。

ポイント 4

社会人の話を聞いてみよう。就職支援会社などに行くのも有効！

STEP

5

自信をつけて就職活動に成功した人たちの事例を知ろう

「自分の強みはそれだったんだ！」と気づいて自信を取り戻した3人の事例

身近な社会人や、就職支援会社の人などに話を聞いてみることと合わせて、自分に近い、フリーターや中退者、第二新卒者の就職成功事例を知ることも参考になります。ジェイックには、そうした成功事例がたくさんあるのですが、ここではその中から3人の事例を紹介します。

事例① フリーターのAさん

1人目は、2年ほどフリーターをしていたAさんです。

Aさんのお父さんは会社の経営者でとても優秀だったこともあり、Aさんはお父さんと自分を比べて、コンプレックスを抱いているようでした。

大学までは進学したものの、親への反抗心もあったのか、就職はせず卒業後はフリーターに。それから2年間、アルバイト中心の日々を過ごしていました。そんなAさんをお母さんは心配しながらも見守っていたようなのですが、お父さんは、ことあるごとに「毎日ふらふらして何をやっているんだ!」と怒っていたそうです。

Aさんは小言を言われ続けるのが嫌だったのと、自分としても、「さすがに、そろそろマズいかもしれない……」と思い、就活をスタートします。

そして、自己分析を行う中で、強みを発見します。

実はAさん、フリーター期間中、一度もアルバイトを遅刻・欠勤したことがなかったのです。

本人は当たり前のことだと思っていたそうですが、こういう人は、実はあまり多くありません。その真面目さを企業にアピールした結果、無事に内定をとることができました。


Aさんのように、「自分では当たり前だと思っていたことが、周囲から見るとすごいことだった」という例は、かなり多くあります。

強みだからこそ、自分としては苦もなく当たり前にやっているのです。こうしたことは、なかなか自分では気づかなかったりするので、身近な人に聞いてみたり、褒められた経験を意識的に思い出したりすることが大事です。

事例② 中退者のBさん

2人目は、留年し、大学5年目の途中で中退したBさんです。

大学3年時に留年が決定し、さらに大学5年で卒業できるかどうかも怪しい状況になったため、悩んだ末に大学5年の途中で中退しました。アルバイトは、地元のコンビニで、主に深夜から早朝にかけての仕事をしていました。

中退後、就活を始めるにあたり、Bさんには不安しかありませんでした。

「自分は中退しているし、年も1つ多くとっている。部活を頑張っていたわけでもなく、バイトも地元のコンビニでやっていただけ。まともな就職ができるのか……」

しかしBさんにアルバイトの話を聞いていくと、こんな話が出てきます。

「早朝、1人で買い物に来る高齢の方が結構いました。最初は、ひと言挨拶をする程度でしたが、そのうち軽い雑談もするようになりました」

「勝手に決めつけるわけではないのですが、そうしたお客さんは、もしかしたら一人暮らしで寂しい方かもしれません。それなら、自分が少しでも明るくできればいいなと思って雑談をしていました」

Bさんのこうした仕事ぶりや性格は、立派な「強み」になり得ます。

結局Bさんは、2社から内定をもらったうえで、自分をより高く評価してくれた「福祉機器のメーカー」に就職を決めました。Bさんの話は、高齢者に関する事業を行うこの会社に深く響いたのです。

Bさんの事例は、強みは自分では気づかない場合があること、そしてその強みは、想像もしていない企業から評価される場合があることがよくわかる事例です。

「自分には強みなんてない……」と思っている人にも、必ず何かあるはず。あきらめずに探していきましょう。

事例③ 第二新卒のCさん

3人目は、学生時代からインテリアや住環境に興味があり、新卒で住宅設備メーカーに就職したCさんです。

入社前は「希望通りの会社に決まった」と満足していたCさんですが、入社後に配属された営業部での仕事は、そのほとんどが企業に電話をしてアポイントをとる新規開拓の仕事。知らない企業に次々と電話をかける仕事に、Cさんはどうしても慣れることができず、「自分には向いていない」「もう限界だ」と考えて、半年で退職しました。

逃げるように退職したため、Cさんは当初、「自分には営業は無理」「良いと思った会社なのにダメだった。次はどう選んだらよいのかわからない」と話していました。しかし、そこで止まってしまわないのがCさんの良いところです。

再就職に向けて自己分析を進めた結果、Cさんは「新規開拓ではなく、決まった相手と関係を深める仕事ならば向いているのでは」と思うようになります。

Cさんは新規開拓では成果を出せなかったものの、上司と一緒に既存顧客を訪問した際には、訪問前の資料準備や、相手の話を丁寧に聴く姿勢、商談後の提案内容など、総じて上司から褒められていたのです。

自分の強みに気づいたCさんは、業界を問わずその強みを活かせそうな仕事を希望し、結果、既存顧客がほとんどを占める企業の営業職に内定しました。この企業では、既存顧客のリピート購入や長期的な関係構築が重視されており、Cさんの強みが評価されたのです。

Cさんのような理由で早期離職する人は、「自分には○○職は向いていない」と思ってしまうことがよくあります。しかし、同じ「○○職」でも、業界や企業によって、仕事内容は大きく違うもの。ひとまとめに考えるのではなく、「○○職のどこが苦手だったのか。その中でもできたことはなかったか」と細かく検討することが、選択肢を狭めない考え方であるといえます。

ここでは3人の事例だけ紹介しましたが、たくさんの人が、一度は自信を失いながらも、自己分析をする中で自分の強みに気づき、納得のいく就職をしています。

あなたも、自分ならどんな可能性がありそうか、ぜひ考えてみてください。

ポイント 5

自分と似た経験をしている人が、どんなふうに就職したかを知り、「自分だったらどんな可能性がありそうか」を考えてみよう！

STAGE

2

自分を知って自信をつけよう

STEP

6

企業が採用したい人とは？

就職活動を始める前に、企業目線を知ろう

ＳＴＡＧＥ１では、自らの選択肢を狭めない考え方や行動についてお伝えしてきました。そうした考え方に触れ、少しでも不安が解消された、前向きに就職活動に取り組む気持ちになった、という変化があればうれしいですが、一方で、実際に内定をとるためには、企業側の目線をもう少し知っておく必要があります。

そこでこのSTEPでは、採用において企業が考えていることをお伝えします。

「STAGE1は読んだけど、まだ自信がついたわけではない」という人からすると少し厳しい内容に映るかもしれませんが、**企業の考えを知ることは、就職活動の成功に一歩近づくこと**でもあります。この機会に、企業側の立場でも考えてみましょう。

企業にとって、「正社員採用」は大きな投資

いきなり「投資」と聞いて難しい印象を受けたかもしれませんが、企業にとって、正社員の採用というのは「投資」以外のなにものでもありません。

雇用形態には、正社員以外にもいろいろありますが、特に20代の若手を正社員として採用するというのは、**企業にとっては「未来への投資」**なのです。

ちなみに、投資といったらみなさんは何を思い浮かべますか？

投資には、株や不動産、ＦＸなど、いろいろなものがありますよね。

そして、投資するからには、リターンがほしい。１万円の投資が５０００円になってしまったら明らかに損です。逆に１万円の投資が２万円になれば、投資が成功したといえます。

企業も同じです。企業が人を採用するときには、期待を込めて投資をします。金額に置き換えると、一般的に、採用費、給料、社会保険などの法定福利費・教育費など、年間で１０００万円以上になることもあります。かなり大きな投資です。

そうした中で、仮に企業が1年でリターンを得ようと思ったら、1年目から投資に見合う成果を出せる人を採る必要があります。

中途採用の経験者であればこうしたケースもありますが、20代の未経験者の場合、

図表① 新規採用の人材に想定される費用（1年目〜5年目）

企業は、いきなりリターンは得られない

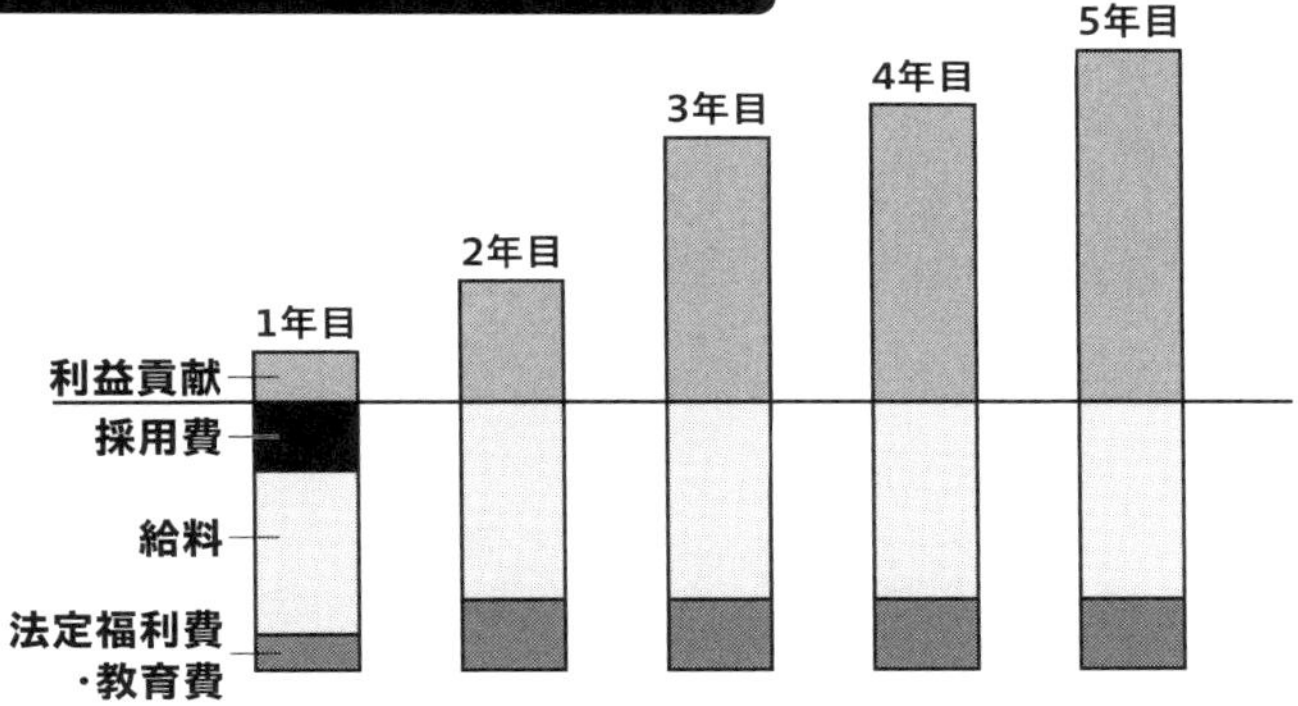

出典：2025　JAIC就職カレッジ　All rights reserved.

入社1年目から大きな成果を出すのはなかなか難しいといえるでしょう。

未経験者の場合、最初の数か月間はイチから仕事を覚える時期になるので、企業に貢献できるまでにはタイムラグが生じます。ですから企業は、みなさんが将来的に活躍してくれることを期待して、「今」に投資するのです。

企業の期待としては、早くて入社3年目ぐらいから少しずつリターンを得られるイメージというのが、20代の未経験者を採用するときの考え方となります（図表①）。

企業が採りたい「活躍してくれそうな人」とは？

そんな期待のかかった投資に対して、しっかりとしたリターンが得られるか？　つまり、活躍してくれそうか？　ということを企業は面接を通して検討し、「活躍してくれそうだ」と判断したら、採用を決定します。

では、活躍してくれそうな人とは、どんな人でしょうか？

帝国データバンクという会社が行った企業アンケートによると、1位は「コミュニケーション能力が高い」、2位は「意欲的である」、3位は「素直である」となっています（図表②）。

この結果を見て、「『コミュニケーション能力が高い』ってどういうこと？」「『意欲

図表② 企業が求める人材とは？

【求める人材像（上位10項目／複数回答、3つまで）】

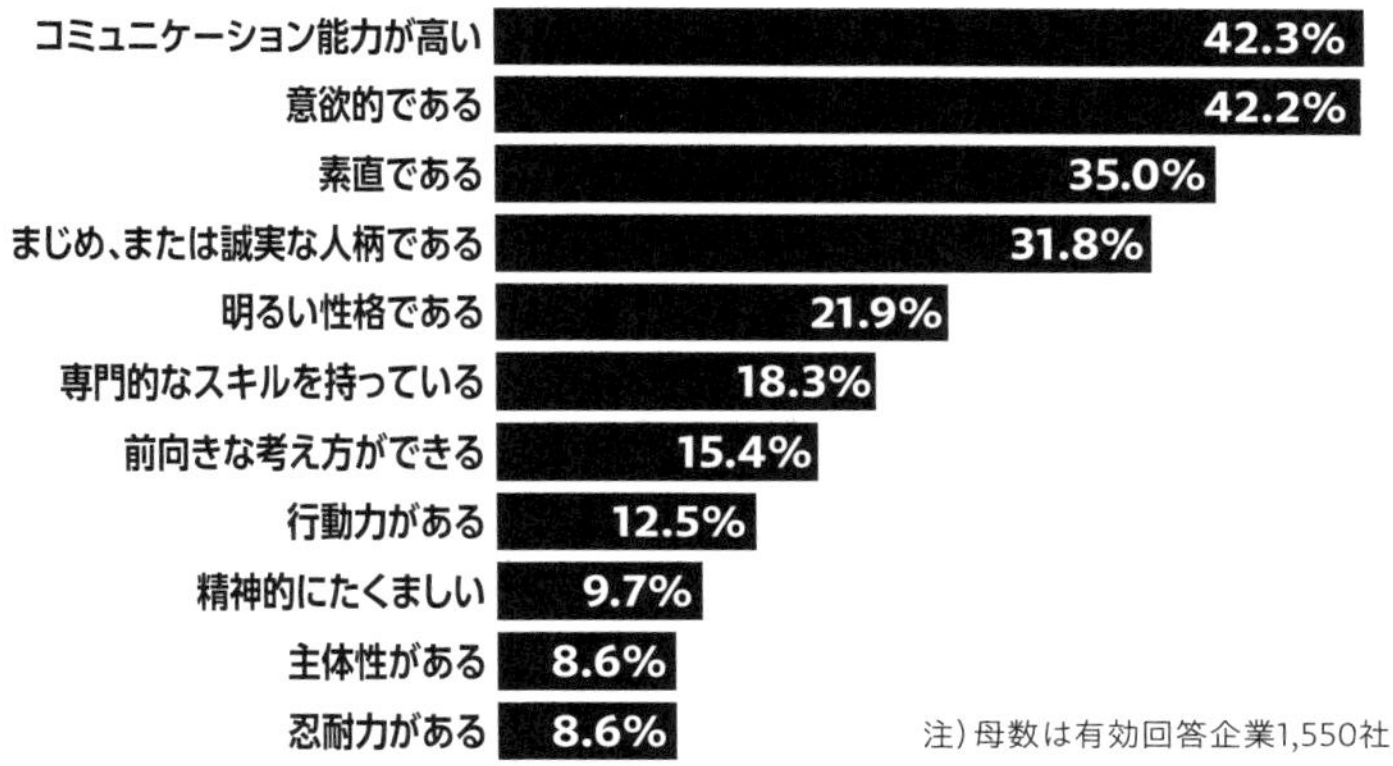

注）母数は有効回答企業1,550社

出典：帝国データバンク「企業が求める人材像アンケート」

的』とか『素直』ってどうやるの？」と思う人もいるかもしれませんね。

ひと言で表現するのは難しいですが、私はこういうとき、「あなたのアルバイト先（部活動などでも可）に新人が入ってくるとしたら、どんな人に入ってきてほしいか」を考えてもらうようにしています。

アルバイト経験のない方には想像しづらいかもしれませんが、おそらく、

・明るい挨拶ができる

・教えたことをきちんとやってくれる
・わからないことは質問してくれる（自分から学ぶ意欲が高い）
・こちらが困っていたら、積極的に手伝ってくれる
・無断欠勤や遅刻などをしない

こんな新人に入ってきてほしい、そういう人と一緒に働きたい、と思うのではないでしょうか。

正社員就職もこれと同じで、多くの企業は右に挙げたような新人に入ってきてほしい、そういう新人が成長して活躍してくれそうだと考えます。

アンケート結果の「コミュニケーション能力が高い」「意欲的である」「素直である」とは、こうした要素を指しているのです。

逆に、企業が採りたくないのはこんな人

では逆に、企業が「採りたくない人」は、どんな人なのでしょうか。

それは、先に挙げたタイプとは逆の人。つまり、「コミュニケーション能力が低い人（人との関わりが苦手。苦手だけならまだしも、人との関わりを避けようとする人）」「素直でない人」「意欲的でない人」ということになります。

そして、就職の面接の場で、こういう人によく見られるのが「他責の発言」です。自分の感情や起きた出来事を、他人のせいにするような発言をするタイプです。

たとえば、「企業が私を選んでくれない」「景気が悪いから仕方ない」「早期離職したのは、すべて会社のせいだ」といった他責的な考えは、多くの場合、面接官に良い

印象を与えません。

もちろん、なんでもかんでも「自分が悪かった」と考える必要はありませんが、STEP3でお伝えした通り、「過去の出来事から何を学んだのか」「もっとできることはなかったか」「次にどう活かすのか」を考えることは大事です。

そうしたことをきちんと伝えることができれば、面接官にポジティブな印象を与えられます。

この点は非常に大切なところですので、STEP13の「経歴の伝え方」のところでもう一度詳しくお伝えします。

以上、本STEPでは、「企業目線」についてお伝えしました。もしかしたら、「これまでのSTEPと比べ、急に厳しくなった」と感じた人もいるかもしれません。そうした人も、STEP7以降も読み進めながら少しずつ準備をしていけば大丈夫。難しいことはありませんので、安心して読み進めてもらえたらと思います。

ポイント 6

採用は企業にとって大きな投資。「将来、活躍してくれそうだ」と感じさせる自分になろう！

STEP

7

就職活動で失敗する人の3つの特徴&就活力チェック

就職活動で失敗する人の3つの特徴

STEP6でお伝えした企業目線に加え、私たちの経験をもとに就職活動で失敗してしまう人の共通点をまとめると、

①自己分析ができていない
②他責思考で考えてしまう

③行動していない

となります。順番に見ていきましょう。

①自己分析ができていない

就職活動を始めるうえでまず行うべきことは、**自分を理解すること**です。自分の強みや弱み、目指したい社会人像などを把握することが、仕事や会社を選ぶうえで役立ちます。それを具体的なエピソードとともに説明できるようになると、面接でも自信を持って受け答えできるようになります。

すでに企業に応募している人でも、「あなたの強みは何ですか？」という問いにきちんと答えられる人は意外と少ないので、こうした質問にしっかりと答えられるよう、自己分析を行うことが大切です。自己分析についてはＳＴＥＰ８とＳＴＥＰ９で説明します。

②他責思考で考えてしまう

自分の感情や起きた出来事を他人のせいにする、という思考のことです。こうした思考は多くの場合、面接官に良い印象を与えないことは、先ほどもお伝えしました。こちらについては、STEP13の「経歴の伝え方」のところでもお伝えします。

③行動していない

最後に挙げるのは「行動していない」ことです。この本をどれだけ読み込んでも、行動しなければ結果は生まれません。

就職活動の場合、**行動は大きく「情報収集」と「応募」の2つに分けられます**。

まず、「情報収集」については、たとえば旅行に行こうと思ったら、旅行先の候補について情報を集め、友人や旅行会社の意見も聞いたりしながら比較・検討しますよね。就活もこれと同じで、多くの情報を集めて比較・検討することで、希望に合った企業が見つかる可能性が高まります。

次に「応募」については、たまにあるのが、受ける会社を絞り込みすぎた結果、「第一志望の会社が初めての面接」となってしまうことです。

せっかく第一志望の会社の面接まで進んだのに、緊張しすぎてうまく話せず撃沈……というケースです。

これがもし、複数の企業を受けたあとであれば、そこまで緊張せずに面接に臨めたかもしれないのです。また、いろいろな企業の面接を受けて、面接官からリアルな話を聞くことで、自分に合う（または合わない）業界や企業が見えてくることもあります。

「情報収集」も「応募」も、行動することで就活が前進します。たくさん行動して、良い結果につなげていきましょう。

あなたはいくつチェックがつく？　就活力チェック

就職活動における行動には「情報収集」と「応募」があるとお伝えしましたが、それに付随する準備・対策まで含めると、やるべきことはたくさんあります。

就職活動の全体像を図で示すと、図表③のようになります。

左の円が、自分を知る「自己分析」。

右の円が、志望する会社を明確にする「企業研究」。

そして、重なった部分が「自分に合った企業」となり、その会社に選ばれるために、「履歴書・面接対策」を行います。

「具体的に何をすればいいのか」を確認するために「就活力チェックリスト」を用意しました（70、71ページ）。

それぞれの準備がどれくらいできているかを確認しながら、一つひとつ進めていき

図表③ 就職活動の全体像

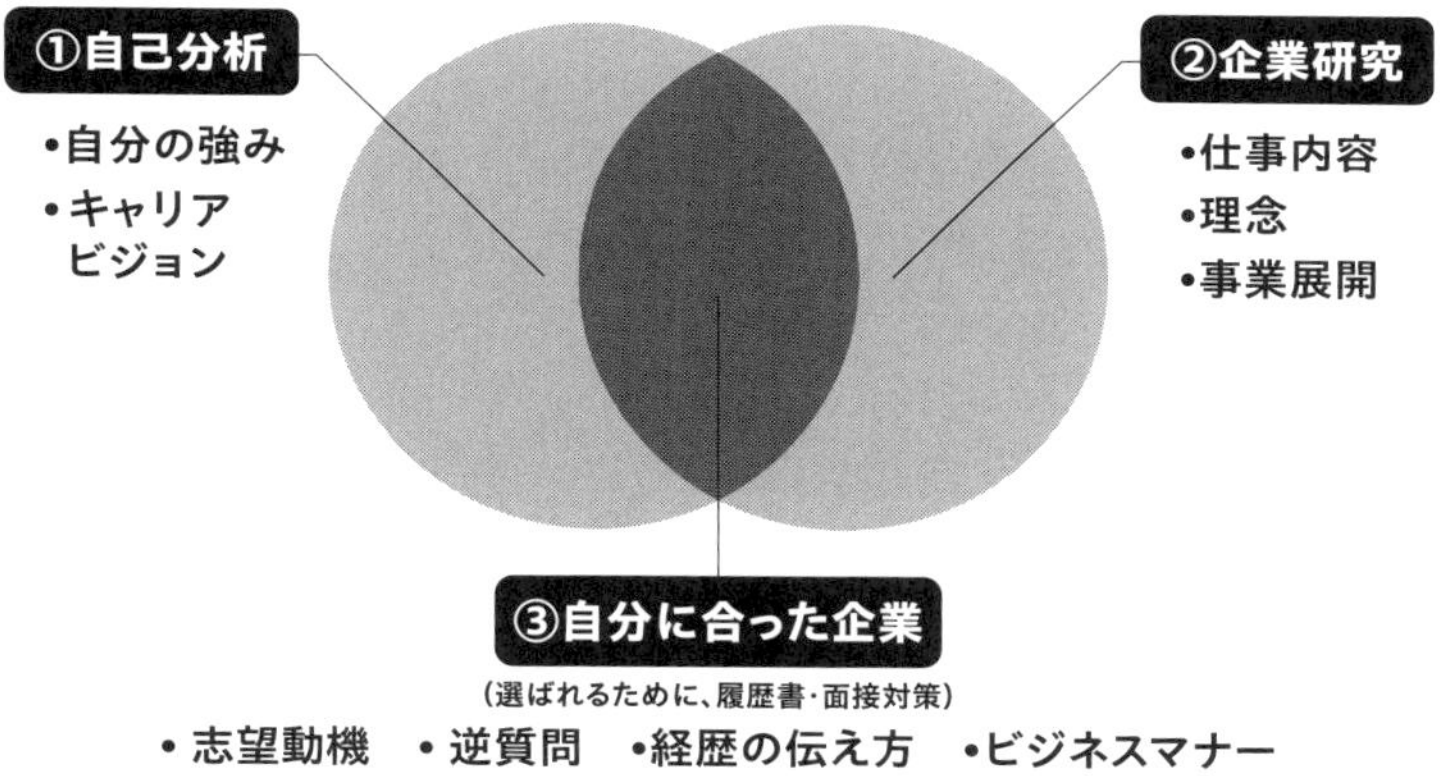

ましょう。

そうすることで、就活初心者でも自信を持って前進できるはずです。

チェックリストの結果は、あくまで「現時点での準備状況」を整理し、今後取るべき行動を明確にするための参考情報であって、あなたの人間性や能力を評価するものではありません。

もし、できていないことがあったとしても、それは「これから伸ばすポイントがわかった」という前向きなサインだと捉えてください。

□ **7. 不安な経歴について、適切に説明できますか？**
(大学中退やブランクも、成長につながるエピソードとして伝えられる)

□ **8. 逆質問について、自己分析や企業研究に基づく質問を3つ以上用意していますか？**
(逆質問を用意するとともに、注意点についても理解している)

□ **9. 面接練習は何度も行いましたか？　結論から話すことはできていますか？**
(自己PRや志望動機、経歴など、要点を簡潔に話せるようになっている)

□ **10. 面接当日のビジネスマナー(身だしなみ、挨拶、姿勢)には自信がありますか？**
(身だしなみ、挨拶、お辞儀、姿勢やオンライン面接での振る舞いに自信を持っている)

チェックリストを確認して、いかがでしたか？
まずは、今のあなたの就活力を振り返ってみましょう。

チェックが７個以上ついた方

準備は順調です！　あとは、これから紹介する各項目のポイントを押さえることで、さらに自信を持って就職活動に臨めます。

チェックが４～６個の方

まずまずの状態です。すでにできている部分を伸ばしつつ、チェックがつかなかった箇所を１つずつ補強していきましょう。

チェックが３個以下の方

まだまだ大丈夫です！　これから各項目の詳細をじっくり確認していけば、どこをどう改善すればよいかが具体的にわかります。焦らず１つずつ取り組んでいきましょう。

あなたの就活力チェックリスト

大項目1　自己分析

- □ 1. **自分の強みと弱みを具体的なエピソードを交えて説明できますか？**
（具体的な成功体験や失敗体験を含めて説明できる）

- □ 2. **将来の目標が明確で、自分の中で納得できていますか？**
（なりたい社会人像や身に付けたいスキル、得たい経験を具体化できる）

大項目2　企業研究

- □ 3. **就活手段の種類や違いについて理解していますか？**
（ハローワーク、ナビサイト、就職エージェント等の就活手段について理解している）

- □ 4. **希望する条件に合った複数の企業に、応募していますか？**
（業界、職種、経営理念、就労条件などから企業を選び、応募している）

大項目3　履歴書・面接対策

- □ 5. **履歴書や職務経歴書について、第三者に確認してもらったうえで修正し、完成させましたか？**
（印象の良い写真、誤字脱字がない、説得力のある自己PRなどがきちんとできている）

- □ 6. **志望動機について、応募先の企業を深く理解したうえで作成しましたか？**
（その企業を志望する理由が、自分の強みや共感したこととつながっている）

ではいよいよ、具体的な就活の準備の話に移っていきましょう。
自己分析はＳＴＥＰ８とＳＴＥＰ９
企業研究はＳＴＥＰ10とＳＴＥＰ11
履歴書・職務経歴書の書き方はＳＴＥＰ12
面接対策はＳＴＥＰ13〜18
で解説していきます。

チェックが少なかった人や、改めて就活のポイントを知りたいという人は、目次通りに読み進めてもよいですし、やるべきことがある程度具体的にわかった人は各ＳＴＥＰごとに読み進めていくのもＯＫです。

ポイント 7

チェックリストで現在地を把握し、就活のアクションを具体的にしていこう！

STEP 8

自己分析①「自分の強みと弱み」を理理解しよう

就職活動に必要な自己分析とは

自己分析とは、「自分の強みと弱み」「キャリアビジョン（目指したい社会人像）」をきちんと自分自身で把握することです（69ページ図表③左側の円）。

そして、**自己分析でまず行うことは、自分の「強み」を見つけること**。しかし、強みを見つけるのは意外と難しいものです。

「強みなんてわからない」
「なんとなくわかるけど、上手に表現できない」

という悩みを持つ人も多いのではないでしょうか。しかし、「強み」とは、特別な才能やスキルだけを指すのではありません。むしろ、あなたが日常的に、無意識に、当たり前だと思っている行動や考え方が、企業にとっては大きな価値となることがあります。

ですから、強みに気づいたときに「自分の強みはこれでいいんだ！」と感じる人も多いのです。

このSTEP8では、そんな強みを見つけ、自信を持って企業に伝えられるようになるための方法を3つお伝えします。

自分の強みを見つける3つの方法

①診断ツールから強みのヒントを見つける

おそらく多くの人が、自己分析の取っ掛かりとして、やったことがあると思われるものが「診断ツール」です。

ナビサイトの適職診断や性格診断、価値観診断、ストレングスファインダー®から、最近流行しているNERIS Type Explorer®（16タイプ診断と呼ばれることもあります）まで、いろいろなものがあります。

診断ツールは性格や価値観、得意分野を客観的に教えてくれる便利なツールですが、「たしかにそうだ」と思うこともあれば、「この点は違うかもな」と迷うこともあると思います。

そこで、**診断ツールを「ただの結果」ではなく「自分の強みを見つけるヒント」として活用する**のです。簡単なステップを踏むだけで、自己理解がぐっと深まりますので、ぜひ試してみてください。

【診断ツールを活用する3つのステップ】

1. 診断ツールを実施する

まずは自分に合った診断ツールを選びましょう。性格診断や価値観分析、ストレングスファインダー®、NERIS Type Explorer®（16タイプ診断）などが代表的な例です。これらのツールを使うことで、自分の特徴や価値観を客観的に見ることができます。

2. 結果を確認し、納得感のある内容に線を引く

診断ツールの結果を見て、特に「これ、自分らしい」「大切にしている気がする」と思える部分に線を引きます。すべての結果を受け入れる必要はありません。納得感のある部分だけを選びましょう。これが、自分の強みや価値観を見つけるヒントにな

ります。

3．なぜその内容に線を引いたのか、理由を考える

次に、線を引いた部分について「なぜ自分はこれに納得したのか」「どうしてこれが大切だと思うのか」を具体的に掘り下げます。このプロセスを通じて、自分の体験や行動に基づいた強みが浮かび上がってきます。

ここでは具体的にNERIS Type Explorer®（16タイプ診断）の結果から、このステップに取り組んでみます。

16タイプ診断で図表④の結果（仲介者・ＩＮＦＰ型）が出たと仮定して、

「自分の利益を顧みず」――❶
「感情的に反応する」――❷
「人助けが自分の使命」――❸

図表④ 診断ツールを使用した「強み」の見つけ方

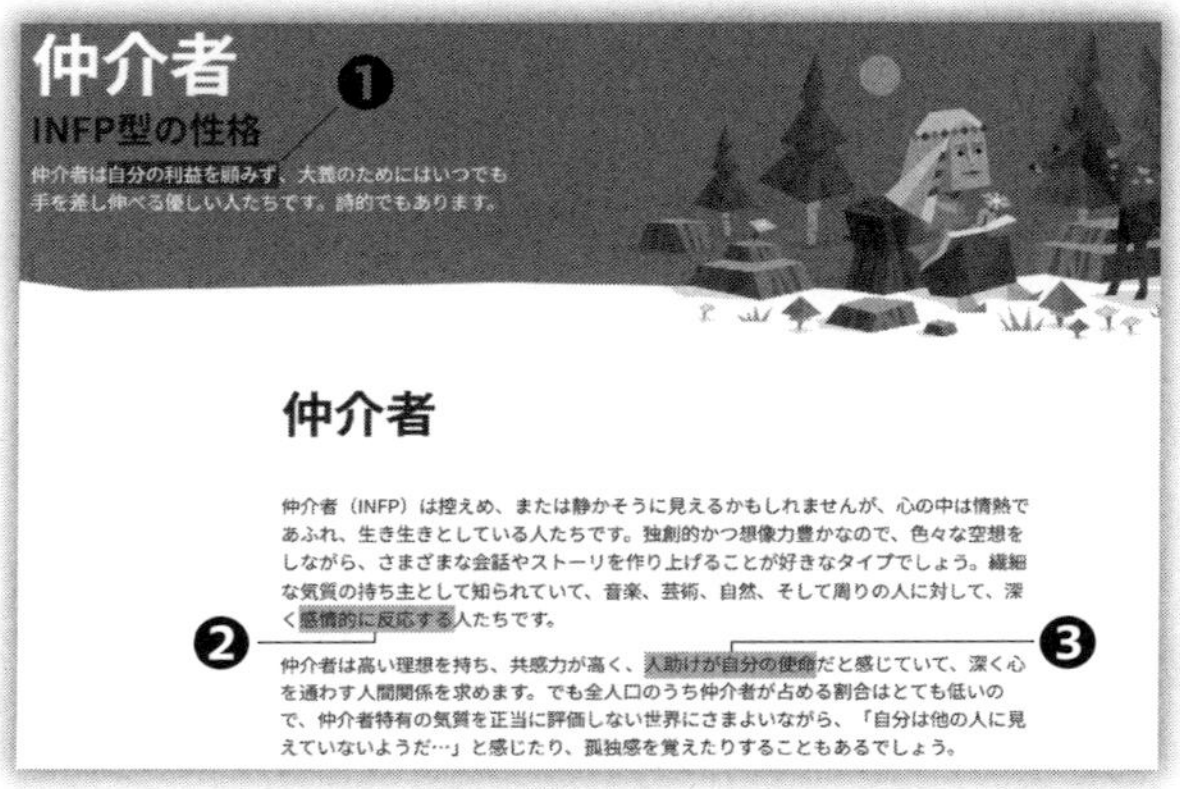

©16 Personalities.com and NERIS Analytics Limited.
NERIS Type Explorer®は、採用の決定ではなく、個人の成長を目的に設計されています。

の3か所に線を引いてみました。

そして「なぜそこに線を引いたのか？」の理由を考えてみた例が、

「自分の利益を顧みない」

↓友達のためなら夜通し相談に乗ることができる。人の役に立つことに喜びを感じるから。

「感情的に反応する」

↓困っている人の話を聞くと行動せずにいられない。感謝されると、特に大きなやりがいを感じる。

「人助けが自分の使命」

↓アルバイト時代、困っている後輩をフォローし、そのお礼を言われたときに「自分は人を助けることに価値を感じる」と気づいたから。

です。この理由こそが自分の強みであると言えます。

このように、診断ツールで出た「結果」だけを見るのではなく、納得感のある内容を深掘りして理由を考えることで、その診断結果が「実感のある強み」へと変わります。

診断結果を活用することで、強みをスムーズに考えられますし、その強みを職場や日常でどのように活かせるかもイメージしやすくなります。ぜひ試してみてください。

②周囲に自分のことを尋ねてみる

自分だけでは気づかない、自分の強みや特性を知るために、「他己分析」を活用することも有効です。他己分析とは、他人に自分のことを尋ねることで客観的な視点を得る方法です。

ここでは、「他己分析のやり方」と「効果的な質問」を解説します。

【他己分析を行う3つのステップ】

1．他己分析を依頼する相手を3人選ぶ

まずは、他己分析をお願いする相手を選びましょう。意見をもらう相手は1人よりも複数人のほうが、さまざまな視点を得やすくなります。

・家族や仲の良い友人

初めての他己分析では、リラックスして話せる身近な人がおすすめです。

・同僚やアルバイト仲間

あなたが働く姿を実際に見ている人の意見は、仕事に活かせる具体的なヒントになりやすいです。

・面識が浅い人

第一印象を知りたいなら、知り合って間もない人から意見をもらうほうが固定観念や偏見なくもらえる場合があります。

2. 他己質問の内容を具体的にする

質問は明確で具体的な内容にすることがポイントです。「私のことをどう思う？」といった漠然とした質問では、的確な意見を引き出すのは難しいでしょう。

具体的には、次の3つの質問を活用します。

・「私の強み（長所）は何だと思う？」
他人が感じる自分の得意な部分を知り、自己ＰＲや志望動機に活かします。

・「強み（長所）について、記憶に残っているエピソードは？」
自分の行動や価値観が反映されている具体的なエピソードを知ることで、新たな視点を得られます。

・「一緒に働くなら、私のどんなところが役立つと思う？」

自分の性格やスキルが職場でどう活かされそうか、他人の目線で理解します。

3．自己分析の結果と照らし合わせる

他己分析の結果を受け取ったら、自己分析の結果と照らし合わせましょう。

自分で感じていることと、他己分析の結果が同じであれば、具体的なエピソードを付け加えて自己PRにつなげていきます。また、他己分析の結果が自分の認識と異なる場合は、なぜその違いが生まれたのかを考え、自分の考え方や行動を振り返ってみましょう。

このように、他己分析は他人の目を通して自分を知る貴重な機会です。「誰に聞くか」「何を聞くか」を意識して取り組むことで、自己分析が進みます。「自分のことを聞くのは恥ずかしい……」と感じる人もいるかもしれませんが、まずは気軽に身近な人に声をかけて、自分を知る一歩を踏み出してみましょう。

慣れてきて、複数のコミュニティから意見をもらうことができればなお良いでしょ

う。いろいろな人が共通して「あなたの強み（長所）は○○だと思う」と言うようであれば、その強み（長所）は特に自信を持ってよい強み（長所）だと言えるでしょう。

③弱みを強みに変える「リフレーミング」

3つ目の方法は、弱みを強みに変える「リフレーミング」です。

「自分は心配性だ」↓「リスクを考えて行動できる」

というように、「弱み」を「強み」に言い換える手法です。図表⑤のリフレーミングの例を参考にして、自分が「弱み」だと思っていることを「強み」に転換する練習をしてみましょう。

図表⑤ 弱みを強みに変える「リフレーミング」の例

自己認識	リフレーミング	理由
うるさい	場を盛り上げるのが得意	明るく楽しい雰囲気をつくれるというポジティブさを強調
おせっかい	周囲への気配りができる	周囲への配慮や気遣いがあることを伝えられる表現に変換
暗い	落ち着いた雰囲気がある	落ち着きや冷静さをポジティブに伝える表現
引っ込み思案	聞き上手なタイプ	周囲をよく観察し、傾聴すると表現
行動が遅い	慎重に考えてから行動するタイプ	慎重さがあることでミスを防げる印象を与える
細かなことが気になる	細部に気を配れる	注意深さや丁寧さを強調した表現に変換
新しいものに飛びついてしまう	新しいことに挑戦するのが好き	挑戦心があり、柔軟性が高い印象を強調
怒りっぽい	感情表現豊か	熱意があるタイプとしてポジティブに変換
物事を始めるのに時間がかかる	準備をしっかりしてから取り組むタイプ	計画的な一面があるとポジティブに表現
融通が利かない	自分の信念を大切にする	一貫性や信念を持っていることを強調
落ち着きがない	エネルギッシュで行動力がある	活発で元気な印象を与える形に変換

リフレーミングで自分の強みに気づいた3人の事例

リフレーミングの例を挙げてみましたが、より具体的なイメージを持つために、リフレーミングによって自分の強みに気づいた3人の事例を紹介します。

事例① 弱みだと思っていた特性が強みに変わったフリーターのAさん

学生時代にサッカー部に所属していたAさんは、練習を頑張るものの活躍の機会を得られず、ようやくレギュラーになれそうなタイミングで大ケガをしました。

その結果、試合に出場することなく引退。「チームを引っ張るような活躍をしたい」と思っていたAさんは、「結局、何もできなかった」と自信を失ってしまいました。

そして就活にも消極的になり、初めて受けた会社で不採用になると、完全に意欲を失ってしまい、そのまま卒業しました。

その後、フリーター生活を続ける中で、再び就活をする決意を固めたAさん。自己分析でリフレーミングを行ったときに、自分では何のアピールにもならないと思っていたことが、実は強みのアピールになるのでは？　と思うようになります。

たとえば、試合に出られない代わりに、対戦相手の試合を分析して、チームメイトに情報を共有していたこと。練習に1度も遅刻せずにチームを支え続けた姿勢。そして、どんなときでも笑顔で周囲を励まし、卒業試合では「お前がいたから頑張れた」とチームメイトから感謝されたこと。

これらの行動は、Aさんにとっては「アピールに値しない、裏方の仕事」だったのですが、視点を変えれば、「裏方からチームを支えられる協調性」「チームのためにできることを自分で考えて動ける行動力」という強みとしてアピールできるものだったのです。

Aさんのこの強みとエピソードは、チームワークを重視する企業から評価され、Aさんは無事に内定をとることができました。

事例② 内気な性格が強みに変わった専門学校卒のBさん

専門学校を卒業したBさんは、物静かで内向的な方。

集団行動も苦手なことから、「自分にはアピールできる強みはない」「組織で働く自信もない」と、在学中はほとんど就活をしないまま専門学校を卒業しました。

卒業後はホームセンターでアルバイトをしていたBさんですが、大学に進学した友人が就職し、社会人として頑張っている姿を見て「自分も社会人になりたい」と思うようになります。

そして、自信を持てないながらも就活を始め、自己分析の1つとしてリフレーミングをする中で、自分の強みに気づきます。

彼女はアルバイトで、接客業務ではなく、在庫管理や店舗の裏方業務を担当していたのですが、その中で「お客様の要望を予測して在庫を補充する」「陳列ミスを細かくチェックして修正する」など、目立たない部分で大きな役割を果たしていたのです。

彼女が気づいたのは、「内向的」という特性が、実は「細やかな気配り」や「集中力」といった強みに変わるということでした。

面接では、自分が目立つ役割ではなくても、裏方として確実に成果を上げたエピソードを具体的に伝えることで、企業から高く評価されました。

最終的にBさんは、事務職として複数の企業から内定を獲得し、現在では職場で「細やかさと正確性を持った頼れる存在」として信用されています。

事例③ 心配性な性格が強みに変わった大学中退のCさん

Cさんは、細かいことが心配になって、何度も確認してしまう自分の心配性な性格を、最初は「弱み」だと感じていました。

しかし、自己分析を進める中で、そうした性格が実は強みであることに気づきます。

たとえばCさんは、クラスでイベントごとがあると、準備物にヌケモレがないよう入念にチェックリストを作成し、日程にも余裕を持って準備するなど、心配性ならではの周到な動きをしていたのです。
そうした動きは、Cさんにとっては当たり前のことだったので、最初はそれが自分の強みだと思ってはいませんでした。
しかし、強みであると気づいてからは、面接でも自信を持って伝えることができ、無事に内定をとることができました。
Cさんは働き始めてからも、お客様との商談がある際には万全の準備をして臨んでいるようで、その点が上司やクライアントから評価されています。

いかがだったでしょうか？

これらはあくまで、3人のリフレーミングの事例であり、あなたの場合は、あなた自身が納得できる表現に転換することが大切です。

1人ではなかなか難しいこともあると思うので、周囲の人やキャリアカウンセラーなどに相談しながら進めるのもよいでしょう。きっとこれまで自分では気づいていなかった新たな発見があるはずです。

弱みを聞かれたときの上手な答え方

面接では、強みだけでなく、「弱みや短所について教えてください」と聞かれることもあります。そのときに、聞かれたままに弱みや短所だけを伝えてしまうと、面接官はネガティブな印象を持ったままになってしまいます。

ですから、単に弱みや短所を伝えるだけでなく、改善策などを含めてポジティブな表現で伝えることが大切です。

例を挙げると、

1．結論：「私の弱みは〇〇です」と伝える

2．具体例：どんな点で自分の弱みだと感じているかを話す
3．改善策：弱みに対する改善策や工夫していることを付け加える

といった具合です。

先ほど、図表⑤で紹介した自己認識（弱み）について、改善策の例を図表⑥に記しました。

こちらはあくまで参考例です。面接で聞かれたときは、あなたが取り組んでいるもの、取り組めるものを伝えるのがよいでしょう。

なお、面接では、「その改善策は、どのくらいまでうまくいっていますか？」などと追加で聞かれることもあるので、事前に答えを準備しておくのがおすすめです。

図表⑥ 弱みを伝えるときの改善策の例

自己認識(弱み)	改善策の例
うるさい	アルバイトの会議では、全員の意見を聞いてから発言するようにしています。
おせっかい	「何かお手伝いしましょうか?」とひと言確認するようにしています。
暗い	毎朝、家族に必ず笑顔で挨拶をすることを習慣にしています。
引っ込み思案	アルバイトのミーティングなど少人数の場では、必ず1つ意見を言うようにしています。
行動が遅い	毎朝、今日取り組むことを3つメモに書き出して、優先順位をつけることを続けています。
細かなことが気になる	作業を始める前に、全体のゴールをメモに書く習慣をつけています。
新しいものに飛びついてしまう	何か新しいことを始める前に、なぜやるのかを確認するようにしています。
怒りっぽい	感情的になる前に深呼吸を3回する癖をつけています。
物事を始めるのに時間がかかる	物事に取り組むときは、アクションを小さく区切ってから取り組むようにしています。
融通が利かない	アルバイト中、急な変更があった場合に備え、いくつかの対応策を考える練習をしています。
落ち着きがない	仕事や作業の前に、5分間机を整える時間を取るようにしています。

ポイント 8

自己分析の第一歩として、いろいろなアプローチで、自分の強みと弱みを理解しよう！

STEP

9

自己分析②
キャリアビジョンを描こう

人生100年時代のキャリアの考え方

現代は「人生100年時代」と言われ、働き方やライフプランが多様化しています。リモートワークやフリーランスなど働き方が広がる一方で、どのような働き方を選ぶのがよいか悩む人も増えています。

キャリアビジョンとは、「自分が目指したい社会人像」であり、それに向けた短期

図表⑦ 目標と目的の違いとは?

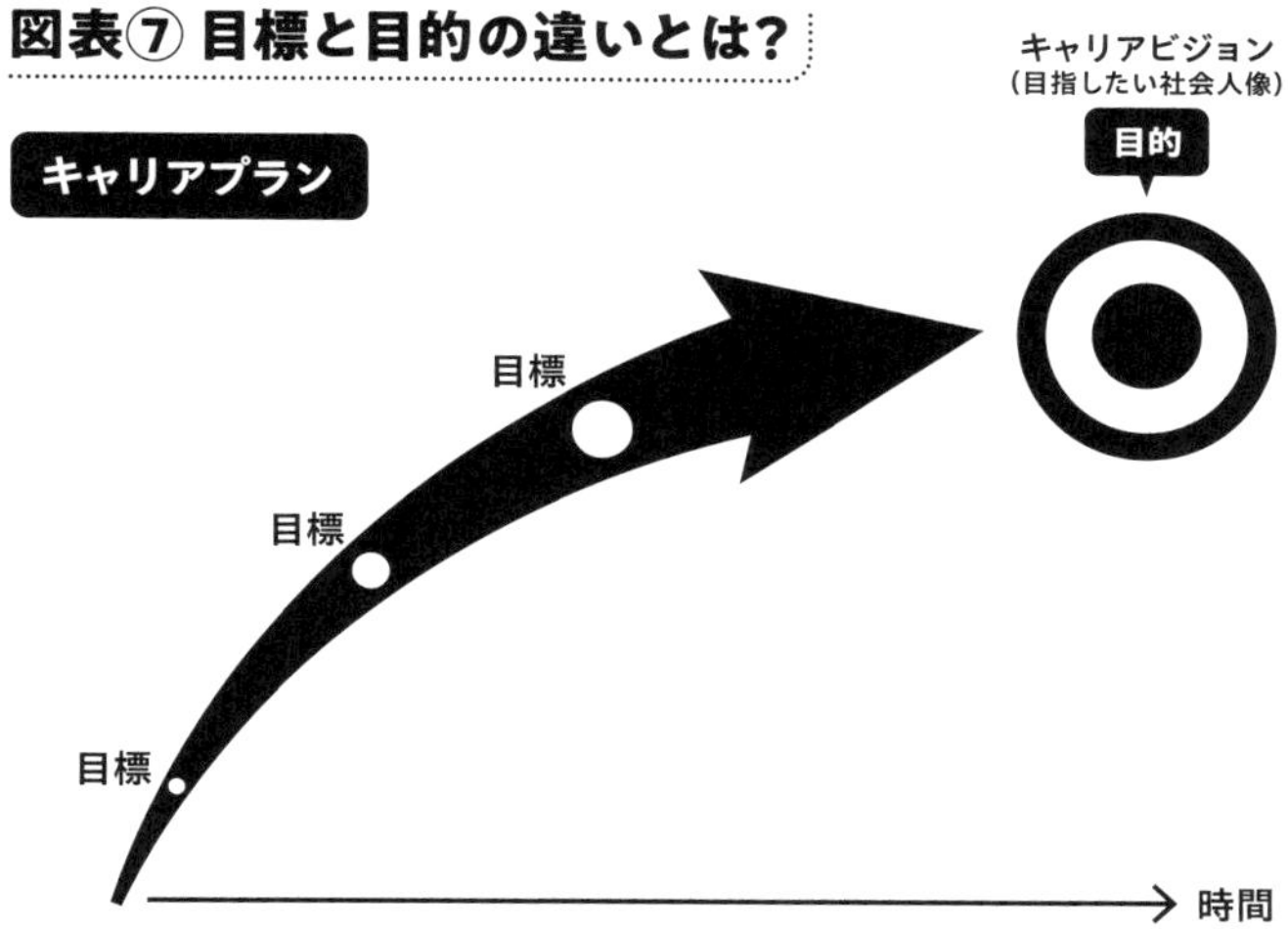

出典:2023　JAIC就職カレッジ　All rights reserved.

的な計画や目標、たとえば「1年目にこうして、5年目にこうして……」といったものをキャリアプランといいます。イメージとしては図表⑦になります。

「目的」の「的」には「まと」という意味があり、これがキャリアビジョン(＝目指したい社会人像)です。

一方、「目標」の「標」には「しるべ」という意味があり、目的に到達するまでに点在する標識だと考えてください。

たとえば、**15年後にどんな「的(社会人像)」に到達したいのかを考えるのが**

「キャリアビジョン」で、「そのためには1年後、5年後、10年後にどうなっていればよいか」を考えるのが「キャリアプラン」です。

これを明確に持つことで、就職活動やその後の仕事への取り組み方が大きく変わります。

特に、人生100年時代の現代では、会社に依存する働き方も変化し、キャリアビジョンを考えることの重要性が増しています。そのため、キャリアビジョンは社会人になってからも繰り返し考えていくことが重要です。

とはいえ、今の段階で「10年以上先のなりたい社会人像」や「それに向けた具体的な計画や目標」を考えるのは難しい、という人も多いかもしれません。

そうであれば、そこまで具体的・長期的な内容でなくてもよいので、「自分はどんな社会人になりたいか？」という方向性だけでも考えてみましょう。それだけでも意識できるようになると、業界選びや企業選びがやりやすくなります。また、就職してからも、より積極的な姿勢で仕事に取り組むことができるでしょう。

キャリアビジョンは3点セットで考えよう

キャリアビジョンを考える際は、

① どんな社会人になりたいか
② そう考える理由
③ そのためにどう取り組むか

の3点セットで考えるようにしましょう。この3点を明確にしておくことで、面接で聞かれたときにも説得力を持って答えられるようになります。

では、実際にキャリアビジョンを考えてみましょう。

①どんな社会人になりたいか

これについては、ヒントとなる言葉に触れることで検討しやすくなります。図表⑧の「キーワード例」の中から、気になるキーワードを2～3個選んでください。次にそのキーワードを使って、「こんな社会人になりたい」という文章（フレーズ）を作成しましょう。

「文章（フレーズ）を考えるのは大変！」という人は、同じく図表⑧の中にある「フレーズ例」の中から選んでみてください。

「社会貢献」「使命感・責任感」「思いやり」を選んだとしたら、
↓「使命感と思いやりを持って、社会貢献性の高い仕事をする社会人」がキャリアビジョンとなるでしょうか。

「影響力」「起業家」「クリエイティブ」を選んだとしたら、
↓「新しい発想で社会にインパクトを与える仕事をする人」が目指したい姿かもしれません。

「専門性」「チームワーク」「課題解決」を選んだとしたら、
↓「チームワークによって課題を解決する仕事がしたい」と言えそうでしょうか。

そのほかにも、

「お客様と直接関わり、信頼関係を築く仕事がしたい」
「裁量のある環境で自分のアイデアを活かしたい」
「専門スキルを磨き、業界の第一線で活躍したい」

といった人がいるかもしれません。

- [ ] 周囲の人から尊敬される存在になりたい
- [ ] 周囲の人から慕われる存在になりたい
- [ ] 生産性の高い働き方を重視して成果を上げたい
- [ ] 収益に貢献できるビジネスパーソンとして信頼されたい
- [ ] 実績や結果で勝負できるような存在になりたい
- [ ] 変化に柔軟に対応し、常に新しいことにチャレンジし続けたい
- [ ] 仕事に対する探究心を持ち続け、成果を出したい
- [ ] 好奇心と新しいアイデアで成果を出したい
- [ ] 自分自身や関係した人たちの成長や進歩のために挑戦し続けたい
- [ ] 難易度の高い仕事に挑戦し続けたい
- [ ] スキルだけではなく人間性も磨き、成長することで貢献し続けたい
- [ ] 厳しい状況から逃げず、忍耐強く愚直でありたい
- [ ] 物事の美しさや快適さを通じて、人々の暮らしを豊かにしたい
- [ ] 常に目標を持ち、努力し続ける社会人でありたい
- [ ] 物事の本質を追求し、長く支持される商品やサービスを創りたい
- [ ] 多くの部下を持って成果を出せるようなマネジメント力を身に付けたい
- [ ] 冒険心を持って常に新しく刺激的な経験を求め、新しい価値を生み出したい
- [ ] 相手に敬意を払いながらも、言うべきことは主張できるリーダーでありたい
- [ ] 周囲の期待に応えるため努力し、学び続けたい
- [ ] 仕事を通じて、周りの人たちとワクワクを共有し続けたい
- [ ] 人と人との出会いやつながりを大切にし、成果を上げていきたい
- [ ] さまざまな仕事を経験し、幅広いスキルや知見を身に付けたい
- [ ] お客様の利益と自社の利益を共に大切にするため、妥協なく努力したい
- [ ] 責任の重い仕事を任せられるような信頼される存在になりたい
- [ ] 利他の心を大切にし、献身的に努力することでお客様に貢献したい
- [ ] 周りと連携して成果を出すため、協力する姿勢や調和を大切にしたい
- [ ] 物事やデータを合理的に分析し、課題解決や改善に貢献したい
- [ ] 望む結果から逆算し、しっかり計画を立て、物事を着実に進めたい

図表⑧ キーワード例とフレーズ例

キーワード例

□ 影響力	□ 信頼	□ 経営	□ 使命感・責任感
□ 起業家	□ 事業家	□ 社会貢献	□ 想像力
□ 成果	□ 生産性	□ 気遣い	□ 傾聴力
□ 工夫改善	□ 成長	□ チームワーク	□ 課題解決
□ 専門性	□ 利益	□ 忍耐・粘り強さ	□ 美
□ 目標達成	□ 人脈	□ リーダーシップ	□ 挑戦
□ 冒険	□ 人間性	□ 継続	□ 変革
□ 勇気	□ 柔軟性	□ 好奇心	□ 安心・安全
□ 誠実	□ 勤勉さ	□ クリエイティブ	□ 思いやり

フレーズ例

- □ 社会に影響力の大きいビジネスを創り出したい
- □ 社会に影響力の大きいビジネスに携わりたい
- □ 経営幹部や取締役など、経営に携われるビジネスパーソンになりたい
- □ 仕事を通じて社会に貢献できるビジネスパーソンであり続けたい
- □ 社会貢献性の高いビジネスに携わりたい
- □ 社会的に弱い立場の人たちの役に立つ仕事をしていきたい
- □ 何かで1番と言えるようなビジネスパーソンになりたい
- □ 他者に心を開き、受容と共感を大切にした働きをしたい
- □ スピーディな行動力、フットワークで成果を出したい
- □ お客様から感謝される存在であり続けたい
- □ 事業家として雇用を生み出していけるような存在になりたい
- □ 何かを成し遂げたと誇れるような仕事をしたい
- □ お客様や仲間から頼りにされるビジネスパーソンになりたい
- □ 専門分野を極めたスペシャリストになりたい

最初はこのくらいの文章で構いません。

先ほどもお伝えしましたが、大事なのは、「現時点で自分が納得できる方向性」を明確にすることです。

方向性を定めるだけでも目指す業界や企業を絞り込みやすくなります。

②そう考える理由

先ほど考えた「なりたい社会人像」について「そう考える理由」を書き出しましょう。「そう考える理由」は、以下の４つの視点から考えるとよいでしょう。

1. 強み・得意なこと

自分が得意なことや、過去に褒められた経験を振り返りましょう。なりたい社会人像が、こうした自己認識や経験によるものであることはよくあります。

2. 情熱・熱中できること

夢中になって取り組んだことは何ですか？　その背景にある探究心や達成意欲が、なりたい社会人像の根底にあるかもしれません。

3. 価値観・大切にしたいこと

自分が大切にしている考え方を整理しましょう。「誠実である」や「仲間を大切にする」などです。その価値観は、あなたが社会人になっても大切にしたい価値観である可能性が高いでしょう。

4. 必要・期待

誰かに必要とされたり、期待されたりした経験を思い出してみてください。なりたい社会人像は、こうした経験によるものかもしれません。

図表⑨を参考に「そうなりたいと思う理由」を考え、1つでも2つでも、思いつくままに書き出してみましょう。最初は箇条書きのような形でも構いません。

図表⑨ キャリアビジョンを考えるための4つの視点

強み・得意なこと	・あなたの強みを活かし成果を上げた経験 ・あなたの強みを活かし、周りから褒められたり、感謝されたりした経験 ・あなたの強みは何ですか ・あなたは周りからどんなタイプと言われますか ・あなたのどんな力をさらに伸ばし、磨きたいですか
情熱・熱中できること	・没頭できること、夢中になれることはどんなことですか ・なぜ時間を忘れるほど夢中になれるのでしょうか ・やりがいや達成感を感じるのはどんなときですか
価値観・大切にしたいこと	・あなたが普段大切にしている価値観（考え方やモットー）はどんなことですか ・あなたが10年後も変わらず大切にしていたい価値観はどんなことですか ・あなたが憧れたり、尊敬する点は、誰のどんなところですか（家族、知人、先輩、恩師、偉人など） ・あなたは、10年後、周りの人からどんな人と言われたいですか。どんな声をかけてもらいたいですか
必要・期待	・あなたはこれまで周りのどんな期待や必要に応えて頑張ってきましたか ・あなたは周りからどんな期待をかけられたいですか（未来のお客様、未来の上司や仲間、家族など） ・10年後の私たちの生活はどのように変わっているでしょうか（生活、仕事、働き方、家族など） ・未来のあなたから逆算して、今の自分に足りないと感じるのはどんなことですか

③ そのためにどう取り組むか

最後は「そのためにどう取り組むか」です。なりたい社会人像に向けて、どのように取り組むか、どんな姿勢で頑張るかを考えてみましょう。

最初にお伝えしたように、「10年先までの具体的な計画や目標」まで考えられなくても大丈夫です（もちろん、考えられる人は考えてみましょう）。最初は、「決意表明」くらいの文章でも構いません。まずは一度でも文章にしてみることが大切なのです。

以上の3点セットを検討し、最終的には、次の文章ぐらい具体的に示せるのが理想的です。

【キャリアビジョンの例】

「私は、チームの力を結集して成果を出すことができる社会人になりたいと考えています。そう思う理由は、アルバイト時代の経験にあります。

飲食店でのアルバイト時代、急遽、店長不在のまま開店しなければならないことがありました。経験の長い私がスタッフをまとめることを期待されたのですが、自信がなく、最初は戸惑ってしまいました。それでも、お店は営業しなければなりませんから、スタッフ一人ひとりに、それぞれが得意な仕事を割り振ることで、なんとか開店時間に間に合わせることができました。

このときの達成感は今でもよく覚えています。

それが、私がチームの力を結集して成果を出せる人になりたいと思った理由です。

このような社会人になれるよう、入社後はチームワークを大切にして精一杯努力してまいります。」

キャリアビジョンは、1回で決める必要はありません。キーワードを選び直したり、エピソードも考え直したりしながら、何度も文章をつくってみましょう。そうすることで、だんだんと「これかも!」というイメージができあがってきます。

ここまでキャリアビジョンについてお話ししてきました。少し難しい印象もあるかもしれませんし、よくわからないな、という人もいるかもしれません。

そんなときは別のアプローチで、「なりたくない社会人像」や「なりたくない自分」を考えてみるのもよいでしょう。「こういう人にはなりたくない」を考えることで、「こういう人になってみたい」が浮かび上がってくることもあります。

キャリアビジョンは、すぐに「これだ！」というものが見つけられないのが普通です。時間をかけて、場所を変えて、何度か考えてみることをおすすめします。

ポイント 9

どんな社会人になりたいか？ が見えてくると、キャリアや仕事に対してワクワクする気持ちを得られます！

どんな仕事にも求められる「社会人基礎力」

社会人基礎力とは、経済産業省が提唱している、職場で成果を出すための基礎的な能力を指します。大きく分けると「前に踏み出す力」「考え抜く力」「チームで働く力」の3つで、これらは企業が重視するコミュニケーション能力や問題解決能力、チームワークなどにつながるものです。

こうしたスキルはどのような仕事や働き方を選ぶにしても求められるものです。キャリアビジョンを実現するうえでの必須スキルとして覚えておくとよいでしょう。

仕事をしながら身に付けていくものが多いと思いますが、人によってはこれまでのアルバイトや部活動などを通して、すでに身に付いているものがあるかもしれません。そうした場合は自己ＰＲの内容にもなり得ますので、自分にアピールできるものがないか、考えてみるとよいでしょう。

図表⑩「社会人基礎力」とは?

前に踏み出す力(アクション)

→ 一歩前に踏み出し、失敗しても粘り強く取り組む力

主体性	物事に進んで取り組む力
働きかけ力	他人に働きかけ巻き込む力
実行力	目的を設定し確実に行動する力

考え抜く力(シンキング)

→ 疑問を持ち、考え抜く力

課題発見力	現状を分析し目的や課題を明らかにする力
計画力	課題の解決に向けたプロセスを明らかにし、準備する力
創造力	新しい価値を生み出す力

チームで働く力(チームワーク)

→ 多様な人々とともに、目標に向けて協力する力

発信力	自分の意見をわかりやすく伝える力
傾聴力	相手の意見を丁寧に聴く力
柔軟性	意見の違いや立場の違いを理解する力
情報把握力	自分と周囲の人々や物事との関係性を理解する力
規律性	社会のルールや物事との関係性を理解する力
ストレスコントロール力	ストレスの発生源に対応する力

経済産業省が主催した有識者会議により、職場や地域社会で
多様な人々と仕事をしていくために必要な基礎的な力を
「社会人基礎力(=3つの能力・12の能力要素)」として定義。

STEP

10

企業研究①
就活手段の種類と違いを知ろう

ハローワーク、ナビサイト、エージェント……就活手段6つの特徴

このSTEPでは、「仕事や企業をどうやって見つけるか」についてお話しします。

手段としては、

①ハローワーク等の公共サービス

②ナビサイト

③新聞折込チラシ、フリーペーパー等
④スカウトサービス
⑤合同企業説明会
⑥就職（転職）エージェント

などがあります。以下にそれぞれの特徴を紹介していきます。

①ハローワーク等の公共サービス

1つ目の「ハローワーク等の公共サービス」は、知っている人も多いかと思います。雇用保険の給付を受け取るためにハローワークに通ったことがある人もいるかもしれません。厚生労働省のサイトには次のように紹介されています。

「ハローワーク（公共職業安定所）は、仕事をお探しの方や求人事業主の方に対して、さまざまなサービスを無償で提供する、国（厚生労働省）が運営する総合的雇用サービス機関です」

全国に500か所以上ありますから、仕事探しのためのもっとも身近な窓口と言ってもよいでしょう。

また、窓口に行かなくても、インターネットで検索することができ、「希望職種」「希望エリア」「希望する雇用形態」などを選択すれば、求人一覧を見ることができます。試しに一度覗いてみると、どんな職種の募集が多いのか、どんな職種がどれくらいの賃金なのか、目安を知ることができるのでおすすめです。

「ハローワークって、年齢が高い人が行くところでしょ?」「働いていないことについて、窓口の人に説教されるのでは……」などと思っている人もいるかもしれませんが、国は若者の就職支援に特化した「わかものハローワーク」も開設しています。ぜひ利用を検討してみるとよいでしょう。

ハローワークは全国に設置されていて、職業訓練やセミナーなども実施しているので、身近なところで就職活動を始めたい人にとっては最適な窓口になるかと思います。

②ナビサイト

ハローワークと違って、企業が掲載料を払って載せるものを「求人媒体」といい、特にインターネットの求人媒体を「ナビサイト」と呼んだりします。

紙媒体と違って多くの情報を載せることができ、最近では動画で求人企業の紹介をしているナビサイトもあります。

ただ、情報量が多いため、志望業界や職種、譲れない条件面などを整理できていない場合、どの企業に応募するのがよいのかわからなくなってしまう可能性もあります。

ナビサイトには、特定の地域の求人をメインに扱っている「地元密着型」のものもあります。「家の近くで就職したい」「慣れ親しんだ街で働きたい」と考える人には便利ですが、求人の数については大手ナビサイトに比べるとそれほど多くありません。

なお、大手ナビサイトでも地元のナビサイトでも、基本的に履歴書の作成や面接の日程調整等は自分で行う必要がありますが、近年はテンプレートを用意したり、ＡＩによる要約サービスを展開したりするものも増えてきました。

ナビサイトを利用する際は、１つのナビサイトだけを使うのではなく、複数のものを使ってみて、もっとも使い勝手のよいものをメインで使うのがおすすめです。

③ 新聞折込チラシ、フリーペーパー等

主に地元密着型の紙の求人媒体です。新聞に折り込んであったり、店や駅などにフリーペーパーが置いてあったりするのを見たことがある人も多いかと思います。

こうした求人媒体には、アルバイトやパートなどの募集情報が載っていることが多いのですが、正社員の求人が載っているものもあります。希望に合う会社が載っているかもしれませんので、チェックしてみるとよいでしょう。

ただし、これらは掲載枠の制限があるので、求人１社あたりの情報量はそんなに多

くありません。気になる会社があったら、その会社のホームページを見てみるなど、詳しい情報を自ら取りにいく姿勢がより求められます。

④スカウトサービス

求職者が企業にアプローチするハローワークやナビサイトと違って、企業のほうから求職者にアプローチするのが「スカウトサービス」です。「スカウトメール」「ダイレクトリクルーティング」とも呼ばれています。

企業からスカウトが来るので、スピーディに選考を進めることができますが、これまでの経歴によってはスカウトがなかなか来ないといったデメリットもあります。そうした状況を回避するためにも、スカウトサービスを使う際には、複数のサービスに登録するのがよいでしょう。

⑤合同企業説明会

合同企業説明会は、複数の企業が一堂に会し、参加者に企業情報を直接提供する就職イベントです。

就職活動が初めての人でも気軽に参加しやすく、また、短い時間で多くの企業の話を直接聞けるため、効率的な情報収集や知らなかった業界や企業を知るきっかけづくりをすることができる、といったメリットがあります。

一方で、企業の説明時間が限られているため、詳細な情報を得るのは難しい場合があります。また、人気のある企業のブースは混雑し、待ち時間が発生することもあります。効率よく回るための計画をしておかないと「ひと通りブースを眺めたけど、よくわからないまま1、2社だけ聞いて帰る」ということになりかねません。

参加する際は、事前に興味のある企業について5社程度は調べ、質問を用意しておくとよいでしょう。事前の準備をしておくことで、合同企業説明会をより有意義なものにすることができます。

⑥就職（転職）エージェント

求職者が希望を伝えると、それに合った求人を紹介してくれて、面接等もサポートしてくれるのが就職（転職）エージェントです。

最近はテレビＣＭでもよく見かけますよね。人材紹介会社ともいい、ジェイックもここに含まれます。

厚生労働省のデータによると、全国の就職（転職）エージェントの数は約３万社。

その中には、経験者の転職支援に特化した会社、未経験者の支援に強い会社、あるいは年収１０００万円を超えるようなハイクラス人材に特化した会社や、医療系やエンジニア系など、特定の職種に特化した会社など、いろいろなエージェントがあります。

ちなみにジェイックは図表⑪にある通り、未経験者に特化した手厚いサポートを提供しています。

さまざまなエージェントがある中、多くのエージェントに共通しているのは、プロのキャリアアドバイザーからアドバイスをもらえたり、書類の添削や面接の練習をしてもらえたりすることです。

複数の企業から内定が出た場合にも、その人に一番合っているのはどの企業か客観的な意見をくれるなど、きめ細やかなフォローが期待できます。

さらに、ナビサイトから自分で応募すると履歴書で落ちてしまうような会社でも、エージェントが推薦すると面接までたどり着ける、ということもあります。

新卒でも経験者でもない、自分にピッタリなのはどれ？

就活手段をいくつか紹介してきましたが、どれを選べばよいかわからないという人もいると思います。その場合、大きく2つの視点から絞り込んでいくことをおすすめします（図表⑪）。

図表⑪ 自分に合った「就活手段」を見つけよう

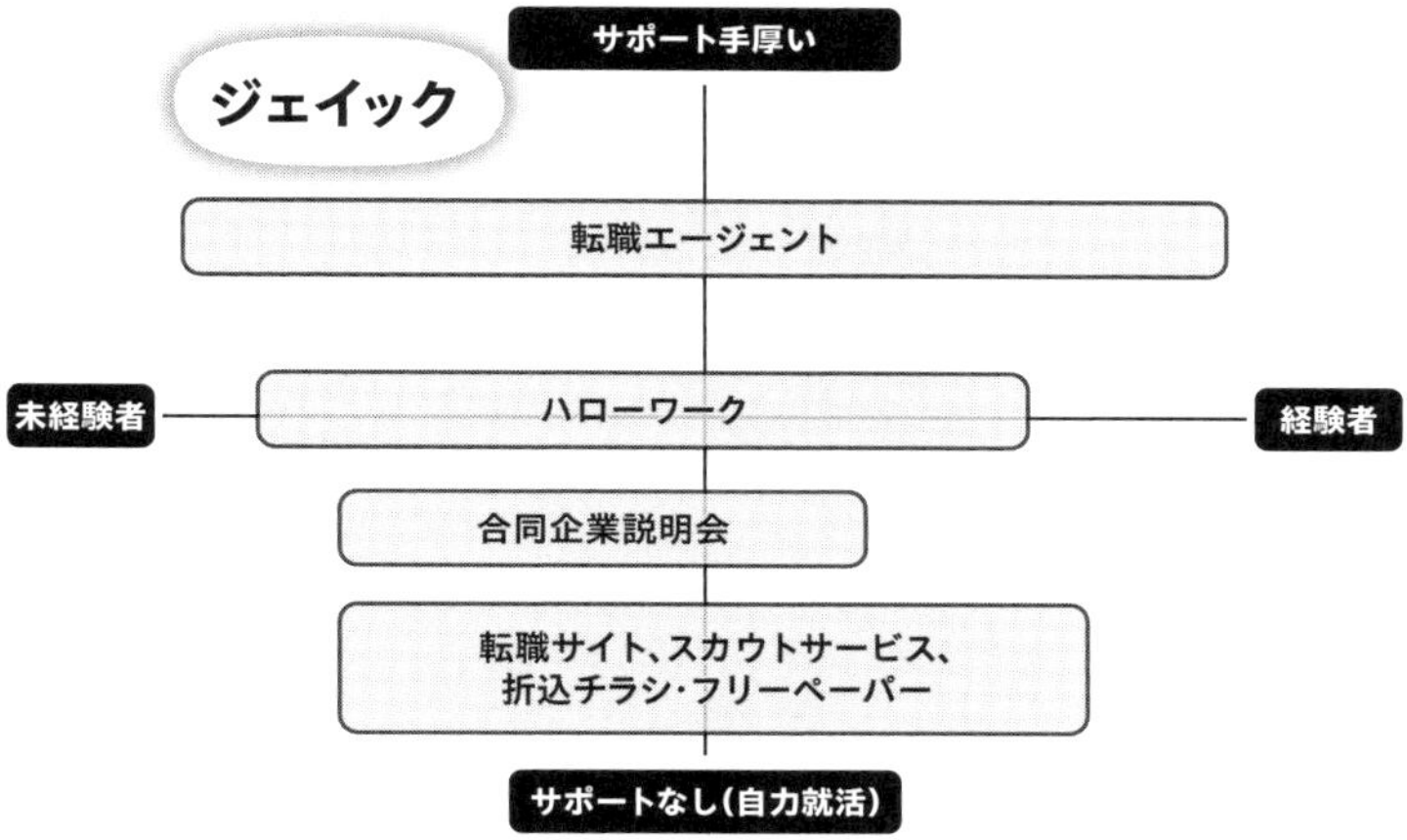

①未経験者対象の求人や支援実績

就活手段（就活手段を提供している会社）は、業界やエリア、対象とする求職者層などについて、それぞれ得意領域が違います。

この本の読者の方は、20〜30代の若手の方が多いかと思うので、そういう点では、「未経験者対象の求人や支援実績が多いか」といった点が1つのポイントになります。

②就職活動全般のサポートの有無

就職活動は、自己分析に企業研究、履

歴書作成から面接対策まで、幅広い取り組みが必要です。就職活動や転職活動が初めての場合、どのように取り組んだらよいのかよくわからないこともあり得ます。

STEP7の就活力チェックリストで7個以上チェックがついた方ならサポートは必要ないかもしれませんが、そうでなければ、サポートしてくれる機能があるサービスの利用を検討するのがよいでしょう。

ポイント 10

就活手段の種類とその違いを知り、自分に合った方法で就活を進めていこう！

STEP 11

企業研究②
応募する企業を選ぼう

応募する企業を選ぶときの検討ポイント

ＳＴＥＰ10では、代表的な就活手段について説明しました。いずれの手段においても、希望する条件で検索したり、条件を伝えたりすることから企業選びが始まります。条件については、次の４項目について整理・検討したうえで応募する企業を選ぶとよいでしょう。

①事業内容（業界）

・自分が興味を持つ業界はどの業界か？（メーカー、商社、ＩＴなど）

・キャリアビジョンを実現できそうなのはどの業界か？

②仕事内容（職種）

・興味がある職種はどの職種か？（営業職、事務職、技術職など）

・自分の強みが活かせる職種は何だろう？

・キャリアビジョンを実現できそうな職種は何だろう？

③経営理念・社風

・ナビサイト等に、共感できそうな経営理念が書かれている会社はないか？

・どんな社風の会社なら、自分らしくいられるだろうか？

④就労条件

・就労条件のうち、絶対に譲れないものはどれか？（給与、勤務地［リモートワークの有無］、休日、福利厚生など）
・逆にそれほど重要でないものはどれか？

企業を選ぶ際、「全部満たしてないとダメ」と考えると、「当てはまる企業が1つもない」ということになりかねません。まずは、先に挙げた4つの検討ポイントを頭に置きつつも、「合うか、合わないか」は広めに考えて、前向きなスタンスで探すのがおすすめです。そう思いながら求人を眺めていると、「この会社、良さそう」「この仕事も面白いかも」と、自分の新しい興味を発見することがあります。また、自分が大切にしたい価値観に改めて気づいたり、キャリアビジョンがより明確になったりすることもあります。

企業を探す際は、ぜひ多くの情報を集め、多くの企業を見るようにしましょう。

選んだ企業をさらに深く知るときの確認ポイント

たくさんの求人からいくつかの企業を選んだら、応募する前にさらに深く調べてみましょう。その際は、先ほどと同じ4項目について、以下のことを確認・検討してみるとよいでしょう。

①事業内容（業界）

・その会社は、どんな商品（サービス）を、誰に、どんな方法で提供しているか？
・その会社の業界での立ち位置は？　また、業界は今後どのように変わりそうか？

②仕事内容（職種）

・その会社に入ったら、具体的にどのような仕事をしそうか？
・その仕事のやりがいや大変なところは、どんなところだろう？

・その仕事に必要なスキルはどのようなものか？　なりたい社会人像を考えたとき、そのスキルを身に付けたいと思えるか？

③経営理念・社風

・その会社の経営理念やミッションで、特に共感できるのはどんなところだろう？

・その会社で、頑張ってみたいと思えるか？

④就労条件

・その会社の就労条件は、あなたが絶対に譲れない条件を満たしているか？

求人ページだけでは、詳しく調べられないという場合

求人ページや求人票だけではそこまで詳しく調べられないという場合は、以下の方

法でも調べてみましょう。

①企業の公式ホームページ

企業の公式ホームページでは、多くの場合、経営理念や事業内容等が詳しく紹介されています。また、社長のメッセージや社員インタビューも載っていることがあり、これらは企業の雰囲気を知る手がかりになります。

②XやFacebookなどのSNS

SNSについては、企業が公式SNSを運用していることがあるほか、経営者が個人で活用している場合もあります。公式SNSであれば、公式ホームページ同様、会社の雰囲気がわかることがありますし、経営者個人のSNSであれば、経営者の人となりを感じることができます。

③ニュースサイト、口コミサイト

企業名や業界名で検索すると、ニュースサイトや口コミサイトの情報など、第三者からの情報を得ることができます。ただし口コミサイトの内容は、基本的に書き手による個人的な意見なので、あまり振り回されないようにすることも大切です。

④実際に足を運んでみる

小売業やサービス業など、店舗のある企業の場合、店舗を訪れることで雰囲気を体感することができます。

また、STEP10で紹介した就活手段のうち、合同企業説明会は、実際にその会社の人が来ているので、話を聞いたり、雰囲気を感じたりすることができます。

応募する企業を絞り込むときの注意点

応募する企業を絞り込むときの注意点は以下の2つです。

①経営理念への共感を重視する（条件面を重視しすぎない）

企業を選ぶ際、給与や休日、労働時間や福利厚生はもちろん重要です。土日はお休みか、残業はあるのか、転勤はどうなのか等気になりますよね。ただ、そうした条件面以上に大切なのが、あなたと企業との相性や経営理念への共感度です。

私たちは、求職者が条件面を重視しすぎた結果、早期に離職してしまうケースをたくさん見てきました。

離職理由として多いのは人間関係であり、価値観のギャップです。入社したあとで後悔しないように、しっかりと「自己分析」と「企業研究」とを嚙み合わせるようにしてください。

②複数の企業に応募する

たくさんの企業を見るようにしよう、と前述しましたが、実際に応募する際も最初から1社に絞って応募するのではなく、複数の企業に応募するようにしましょう。複数の企業の選考を受けることで、自分の志望条件に本当に合った企業を見つけやすくもなります。

ポイント 11

自分の興味関心やキャリアビジョンに合いそうな企業をしっかり選ぼう。その際は1社ではなく、複数の応募先企業を用意しよう！

STAGE 3

面接に向けて自信をつけよう

STEP 12

履歴書・職務経歴書作成のポイント

自己分析、企業研究まで頑張ってきましたが、いよいよここからが、実際の応募・選考段階の内容になります。

まずは、履歴書作成のポイントを押さえておきましょう。

履歴書作成のチェックポイント

履歴書でよくあるミスが、誤字脱字や記載漏れなどです。

面接という大事な場面で、必要な履歴書をしっかり書けるかどうかでも、あなたの仕事力をチェックされていると考えましょう。

履歴書は、準備をすればしっかり仕上げられるもの。誰でもできるところでミスをしないように、提出前にチェックを行ってください。

①写真をチェック

・写真はカラーで、サイズは指定通りになっているか？
・写真のヘアスタイル、表情、服装はビジネス仕様か？
・写真の印象は良いか？（不機嫌そう、不潔、暗いなどはNG）
・写真のレイアウトはバランスが良いか？（左右余白や上部の余白など）

②文章全体をチェック

・文章に誤字脱字や、漢字の変換ミスはないか？
・文章が口語調になっていないか？

③プロフィールなど上部をチェック

・氏名、現住所、連絡先に記載漏れはないか？
・生年月日や年齢に間違いはないか？

④学歴をチェック

・中学校卒業から記載されているか？
・学校名は正式名称か？
・年月に間違いはないか？

⑤職歴をチェック

・社名は正式名称か？
・社名変更の記載が正しいか？（旧社名で記載し、()書きで「現〇〇〇」と入れる）
・入社、退社、入職、退職などが正しく記載されているか？
・勤務先が店舗の場合、店舗名まで記載しているか？

・派遣元に登録し、そこから派遣先に勤務した場合の記載が正しいか？
・現職の場合、最後に「現在に至る」と記載されているか？

⑥免許・資格をチェック

・正式名称で記載されているか？
・名称の後に「～合格」「～取得」まで記載できているか？
・何も記載することがない場合は「特になし」と記載しているか？

自己PR文作成の3つのポイント

自己PR欄は、「何を書けばよいのかわからない」という人が多いのですが、あなたはいかがでしょうか？

もしそうであっても、本書のこれまでのＳＴＥＰを通して、自分の強みなどが見えてきていたら、以前よりは書きやすいのではないでしょうか。

自己ＰＲ文の書き方のポイントを以下にまとめましたので、参考にしてみてください。

なお、このポイントは、面接で「自己ＰＲをお願いします」「強みを教えてください」と言われて答えるときのポイントにも応用できます。

①結論からわかりやすく書く

自己ＰＲ文は、**「結論↓エピソード↓意気込み」**の順に書きましょう。

まずは30字程度で、結論を簡潔に書きます。

②具体的なエピソードを示す

次に結論を裏付ける具体的なエピソードを１８０字程度で書きます。エピソードは、以下を意識して書きましょう。

・古い話よりも新しい話を選ぶ
・できれば、1人で完結した話ではなく、チームでやり遂げた話を選ぶ
・そのエピソードにおいて、努力したこと、工夫したことを字数の範囲内で書く
・固有名詞や役職、数字を入れて具体的に書く

例① 飲食店でアルバイト
↓ファミリーレストランの〇〇（有名チェーン店の店名など）で、ホールの接客担当

例② アルバイトリーダー
↓20名のスタッフを管理するアルバイトリーダー

③ 意気込みを示す

結論とエピソードを書いたら、最後に30字程度で意気込みを書きます。

結論30字、エピソード180字、意気込み30字の全部で240字程度でまとめるイメージです。

図表⑫ 自己PR文の例

	文章量	ポイント	事例
結論	30文字	伝えたい強みを端的に述べる	私の強みは、目標達成に向けた行動力です。(20文字)
具体例	180文字	具体的なエピソードをそのシーンが描けるように具体的に述べる	3年間続けた飲食店でのアルバイトでは、売上目標を達成したいという思いで働いてきました。近隣の大学生をターゲットにした低価格の食べ放題、男女別の価格設定を提案しました。また、常連客から情報収集し、新メニューの雑誌広告掲載も実行しました。これらの結果、1日の売上平均は約20万円から32万円に上がり、店長から「〇〇さんを雇って本当に良かった」と感謝されました。(178文字)
意気込み	30文字	強みをどのように業務に活かしていくか意欲を述べる	貴社でも、この行動力を活かし貢献してまいります。(24文字、計222文字)

出典：2025　JAIC就職カレッジ　All rights reserved.

企業はたくさんの履歴書を見ますので、あまり長く書くのではなく、このぐらいでまとめるのが理想です（図表⑫）。

意気込みについては、シンプルに「この強みを活かして、貢献してまいります」といった表現でOKです。

また、語尾については、「貢献したいです」「貢献したいと思います」という書き方よりも、「貢献してまいります」「貢献いたします」と言い切る表現のほうが強い意志が感じられて好印象です。

職務経歴書作成の３つのポイント

職務経歴書は、企業があなたの経験やスキルを具体的に把握するための重要な書類です。初めて職務経歴書をつくる人は「どう書けばいいのかわからない」という不安があるかもしれませんが、以下に職務経歴書を作成する際のポイントをまとめましたので、安心して取り組んでみてください。

また、フリーターや中退者の方々から多い質問が、「私には正社員経験がないのですが、職務経歴書は書いたほうがよいですか？」というものです。

一概には言えないのですが、新卒採用でない場合は、あったほうが無難です。卒業や中退から3年程度（25歳ぐらいまで）であれば不要なケースもありますが、20代後半であれば、正社員経験がなくても用意したほうがよいでしょう。

① 職務経験を簡潔にまとめる

職務経歴書の冒頭で、社会人経験やアルバイト、パートの経験を100〜200字程度で簡潔に書きましょう。具体的な業務内容やスキル、成果を盛り込むと、採用担当者が全体像を把握しやすくなります。

【アルバイト経験の場合】

「飲食業界で3年間の接客経験があり、1日平均100名の顧客対応を行ってきました。アルバイトリーダーとしてシフト管理や新人教育にも携わりました。」

【正社員経験の場合】

「新卒で入社し、2年間、ITサービスの法人向け新規営業として勤務しました。新規顧客の開拓、アポイントの獲得から商談までを担当。目標に向かって積極的に行動し、業務に取り組んできました。」

②業務内容を具体的に記載する

企業名、在籍期間、雇用形態を明記し、具体的な業務内容や成果を記載します。数字やエピソードを活用することで、信頼性と説得力が高まります。

【アルバイト経験の場合】

○○ファミリーレストラン（2021年〜2024年、アルバイト）
・ホール業務全般（接客、料理提供）を担当
・アルバイトリーダーとして20名のシフト管理と新人教育を実施
・顧客満足度アンケートで月間平均90％以上の評価を達成

【正社員経験の場合】

株式会社○○（2023年4月〜2025年3月、正社員）
・法人向け新規営業を担当し、月間10件以上のアポイント獲得を目指して活動

・顧客ニーズをヒアリングし、提案資料の作成から商談、契約まで一貫して対応
・提案内容に関しては、予算の把握と、競合他社との差別化を意識して取り組む

③成長した点をアピール

職務経歴書の最後に、正社員やアルバイトの経験を通じて学んだこと、成長したことを盛り込みましょう。自己PRにつながる内容を簡潔に書くと、意欲が伝わります。

【アルバイト経験の場合】

「接客経験を通じて、コミュニケーション能力や臨機応変な対応力を身に付けました。このスキルを活かし、お客様やチームに貢献する仕事に取り組みたいと考えています。」

【正社員経験の場合】

「新規営業の経験を通して、課題解決型提案の重要性を学びました。特に、商談時には顧客の視点を最優先に考え、提案内容をカスタマイズして対応することを意識しま

した。また、新規訪問数のＫＰＩ達成に向けて積極的に行動し、商談回数の増加を実現させました。」

これらのポイントを意識することで、初心者でもわかりやすく説得力のある職務経歴書を作成できます。

履歴書も職務経歴書も、自分で書いたらできるだけ第三者に見てもらって、修正を加えましょう。「他人には見せたくない」という人もいるかもしれませんが、こういった書類は、やはり自分以外の誰かに見てもらったほうが、良いものができるものです。大事な就職をより良いものにするためにも、ぜひ周囲の人に見てもらいましょう。

ポイント
12

履歴書・職務経歴書を通してあなたの準備力や丁寧さが見られている。細かいところに注意して、適切でわかりやすいものをつくろう！

STEP

13

面接対策①経歴の伝え方

経歴を伝える際のポイントは、すでに何度かお話ししていますが、改めて、具体的な事例と対策について解説します。

面接官はあなたを責めたくて聞くのではない

以下のような経歴がある場合、面接官は、その内容や理由について、必ず聞いてきます。

・高校、大学、専門学校などの中退や休学
・学歴や経歴のブランク（空白期間）
・学校卒業後の就職経験がない
・早期離職やその繰り返し

ついつい身構えてしまう質問かもしれませんが、面接官はあなたの過去を責めたくて聞いているのではありません。それよりも、次のような点を重視しています。

・それらの経験をどのように捉え、そこから何を学んだか
・どのように前向きに克服しようとしているのか
・再び同じ状況に陥らないための考え方や行動

ここでしっかりとした説明ができれば、**面接官にポジティブな印象を与えることができます**。逆にしっかりとした説明がないと、

図表⑬ 面接官が見ているポイント一例

- 嫌なことがあるとすぐ辞めてしまうかも……
- 人間関係やコミュニケーションに問題があるのでは……
- すぐに辞めてしまうことになると、一生懸命やっている社員に迷惑をかけてしまう

→ **迷ったら不採用**

「また同じことを繰り返すのではないだろうか……（中退や早期離職の場合）」
「働く意欲はあるのだろうか……（ブランクが長い場合）」
「採用や教育にかかる費用が無駄になってしまうのではないか……（早期離職の場合）」

と、不安になってしまうのです。
私もジェイックの面接官として面接をすることがありますが、しっかりと説明してもらえれば、「なるほど。一度は挫折したけれど、そのことを乗り越えて、今は次に向けて頑張っているんだな」と

前向きに評価することができます。

しかしそうした説明がないと、「採用して大丈夫だろうか……」と不安になってしまうことがあります。

不安な経歴を伝える3つのステップ

では、面接官を不安にさせない説明、好印象を与える説明は、どのようにすればよいのでしょうか。それには、次の3つのステップで伝えるのが効果的です（図表⑭）。

①事実を簡潔に伝える

まず、経歴の中で「何が起きたのか」を事実として伝えます。感じたことや主観的な思いをなくし、事実を簡潔に伝えるのがポイントです。

【例】

「新卒で入社した会社を10か月で退職しました。希望していた営業職ではなく物流部門に配属され、成果を出せませんでした。」

②当時の考えや感情を伝える

次に、その当時の自分の考えや感情を素直に伝えます。無理に隠そうとせず、正直に話すことで信頼感が生まれます。

【例】

「配属が希望と異なったことでモチベーションが下がり、与えられた仕事に真剣に取り組めていませんでした。その結果、注意を受けることが増え、ますます消極的な態度になってしまいました。」

③今の考えや行動、今後の目標を示す

最後に、今の考えや行動、そして今後の目標について話します。学んだことをどの

図表⑭ 不安な経歴を伝える3つのステップ

① 事実を簡潔に伝える

↓

② 当時の考えや感情を伝える

↓

③ 今の考えや行動、今後の目標を示す

ように活かしているかを具体的に示すことが重要です。

【例】

「退職をきっかけに、自分の適性や興味を改めて考え直しました。その結果、やはり自分は人と関わることが好きだと気づき、営業職への再挑戦を目指すことを決めました。

今後は、顧客との信頼関係を大切にしながら、成果を出せる営業職として活躍したいと考えています。」

誤解を招きやすい3つの要注意フレーズとその対策

経歴を伝える際、使ってしまうと誤解を招きやすいフレーズがありますので紹介しておきます。

これらは面接官に対して他責の印象を与えたり、あなたの意図を正しく伝えられなかったりする可能性があります。次のようなフレーズを使いそうになっていたら、対策していきましょう。

①「合わなかった」という表現

「会社や学校が自分と合わなかった」「合わないから辞めた」という説明は、面接でよく聞かれます。しかし、このフレーズだけを使うと、面接官は次のような疑問を持つことがあります。

【面接官の印象】

・問題に対処する努力をしたのか？

・新しい環境で、合わないことや難しいことがあるのは当然ではないか？

・自分が努力するのではなく、環境や他人が自分に合わせるべきだと考えているのではないか？

「合わなかった」という言葉で説明を終わらせず、「合わない中でどんな努力をしたのか」「振り返って今ならどう対応するか」を具体的に伝えることが重要です。

②「ギャップがあった」という説明

「入社してみたら聞いていた話と違った」「思っていた仕事とギャップがあった」という理由で退職を説明するケースもよくあります。

実際に企業側の説明不足やミスマッチが原因となることもありますが、この理由だけを話すと、次のように捉えられることがあります。

【面接官の印象】

・入社前に、業界や職種の研究を十分にしなかったのではないか？

・どんな仕事にも多少のギャップはつきものだろう。ギャップがあるたびに辞めるのか？

ギャップがあったとしても、それを克服するためにどのように工夫したか、また、再び同じミスをしないためにどんな対策を考えたか、しているのか、を伝えることが大切です。

③「ほかにやりたいことがあった」という説明

「ほかにやりたいことができたから辞めた」という理由も、面接でよく聞かれるものです。しかし、次のような懸念を抱かれることがあります。

【面接官の印象】

・その「やりたいこと」が、中途半端に終わっているのではないか？

・就職や進学の際、事前の計画をしっかり立てていたのか？

・今後も同じように、短絡的な行動を繰り返すのではないか？

この場合は、やりたいことのためにどんな努力をしたかを補足したり、計画が不足していた点を反省し、今後どのように考えているかを具体的に説明したりすることが効果的です。

経歴の上手な伝え方　11人の実例を見てみよう

経歴の伝え方について、11人の実例を紹介しますので、イメージしてみてください。

【フリーターの場合】

① 新卒時、少し就活したけどやめて、フリーターを続けていた

「卒業後、就職しなかった理由は、新卒時に大手企業をいくつか受けたものの落ちてしまい、それ以降はほとんど就活を行わないまま今まで過ごしてしまったからです。

しかし、就職した友人から仕事の話を聞く中で、学生時代と何も変わってない自分に嫌気がさし、この度改めて就職する決意を固めました。

新卒時にすぐに就活をやめてしまったことについては、今振り返ると、自分の就職に対する意識が低かったことや、やるべきことを後回しにする甘えがあったと感じています。しかし、そうした甘えを持ったままではまったく成長できないこと、そして、自分には本当は成長し続けたい気持ちがあるということに、今回気づくことができました。

就職後は、何があっても逃げずに向き合い、着実に成長を遂げていきます。」

②アルバイトに夢中で就活しなかった

「大学卒業後、約5年間就職しなかった理由は、飲食店のアルバイトに夢中になっていたからです。このアルバイトは大学2年のときに始めたのですが、とても楽しく充実していたので、大学4年のときも就職は考えず、アルバイトを続けることを選びました。

しかし、20代も後半になり、周りの友人たちが責任の大きい仕事を任されていく様子を見て、充実しているとはいえアルバイトの立場である自分に危機感を抱くようになりました。

今思うと、卒業時の選択は目先のことしか考えていなかったと思います。現在、正社員として働くことの覚悟はできており、また、アルバイトではありますが、店長代理として働いていたので、そこで身に付けたものもあると思います。

就職したら、正社員としてのスタートの遅れを取り戻すべく、全力で努力を重ねてまいります。」

③30代フリーター

「私は大学卒業後、今までずっとニートのような生活を続けてきました。原因は、自分への甘さです。

大学4年のときは少しだけ就職活動をしたのですが、何社か落ちただけで自信をなくしてしまいました。そして4年生の秋頃、母が病気にかかってしまい、私が主に家事をすることになりました。

母や家族からは感謝され、私も慣れない家事に取り組んでいたのですが、一方で私はそれを『就職活動をしない理由』にしてしまいました。

そのまま大学を卒業し、アルバイトはしていたものの、私は『自分は家事があるから、就職は難しい』と、ラクな生活を続ける自分を正当化してきたのです。

そのときからわかってもいましたが、それは自分の甘えであり、大変なことを先延ばしにする姿勢でしかありませんでした。

今回、正社員として就職しようと思ったのは、定年を迎えた父が家事をみられるようになったことと、私自身30歳を迎え、甘えた自分と決別したいと心の底から思ったからです。

就職しましたら、これまでの遅れを1日でも早く取り戻せるよう、一心不乱に仕事に取り組む覚悟です。」

【中退者の場合】

④単位不足で留年が確定し、中退

「私が大学を中退した理由は、単位不足で留年が確定してしまったからです。大学の授業では課題も多く出たのですが、私は夢中になっていたサークル活動を優先してしまい、課題をする時間をあまりとりませんでした。

その結果、課題をため込んでしまい、気づいたときには挽回不能な状態になって、必須の単位を複数落としてしまったのです。そして留年確定となり、親と相談した結果、中退という選択をすることにしました。

当時、私は自分に甘く、つらいことから逃げてしまっていました。中退という経歴を今から変えることはできないので、これからは大変なことがあっても決して逃げ出さず、物事には常に締め切りを決めて取り組み、社会人として責任ある成長を遂げていきます。」

⑤授業の内容に興味が持てず中退

「私が専門学校を中退した理由は、授業が進むにつれ、イメージしていた内容と実際に学ぶ内容の差が大きく、興味を持てなくなってしまったからです。授業の内容は卒業後の仕事にも直結するものだったので、その仕事を目指している周囲の仲間たちとのギャップも感じ始め、中退するに至りました。

学ぶ内容については、事前にしっかり調べていればわかったことであり、専門学校に行かせてくれた親に、とても申し訳なく思っています。

これから就職するにあたっては、まずは就職先の仕事内容をきちんと理解したうえで選びたいと思っていますが、どの仕事を選んでも、大変なことや想像していないことはあると思います。しかし私はもう、逃げ出す人間にはなりたくありません。どんなに大変なことがあっても、粘り強くやり遂げる社会人になります。」

⑥家の経済的理由で中退

「私が大学を3年で中退した理由は、家の事情で学費が払えなくなってしまったためです。

私が大学2年のとき、父が病気になり働けなくなってしまいました。当時、私は一人暮らしをしながら地方の大学に通っていて、家賃はアルバイト代から払い、学費は親に出してもらうのと、あとは奨学金ももらっていたのですが、父が病気になったことで治療費も必要になり、学費が払えなくなってしまったのです。

そのことを最初に聞いたときは、私はとてもショックでしたが、かといって親を責める気持ちにもならず、やり場のない悲しさや、正直、被害感情のようなものもありました。『中退したらどうなるのだろう』という不安もありました。

しかし、就職して働こうと決意した今は、前しか向いていません。中退した出来事も、自分を強くするために与えられたものだったと捉えるようにしています。入社したら一生懸命に働いて、家の家計を助けられるぐらいの収入を得られるよう、頑張りたいと思っています。」

【早期離職者の場合】

⑦人間関係が理由で早期離職

「私が前職を辞めた理由は、周りにどう思われているのかを気にしすぎたからだと考えています。

高校卒業後、事務職として1年弱働いていましたが、仕事がうまくいかないときに先輩たちから厳しく叱責されたことがありました。それ以来、常に『他人にどう思われているか』が気になるようになり、精神的につらくなって、休職期間を経て退職しました。

今は、そのときに言われた言葉も受け止めることができ、失敗への怖さよりも、そのときのリベンジがしたい気持ちでいっぱいです。そのときできなかったこと、失敗してしまったことを直し、褒められたところはそのままさらに良くしていくことで、当時の悔しさを挽回します。」

⑧環境変化が理由で早期離職

「私が前職を早期離職した理由は、信頼していた先輩方の度重なる退職と、先輩の退職によって私の仕事が一気に増えたことに耐え切れなかったこと、また、そうしたことをほかの先輩方に相談できず、一人で抱え込んでしまったことです。

今思うと、『自分の力量でどこまでできるか、冷静に考えてみる』『早めに上司や先輩に相談する』など、もっとできることはあったし、そのほうがみんなの迷惑にもならなかったと感じます。

次の職場では、こうした学びを実践することで、周囲に信頼される存在になれるよう努めます。」

⑨入社前に思っていたことと違い、早期離職

「私が前職を早期離職した理由は、自己分析も企業研究もできていなかったからだと思っています。

私は高校生の頃から、この会社が展開するお店が好きで、その一員になって働きた

いと思って入社しました。また、私はずっと高齢の祖母の介護を親と一緒にしているのですが、この会社の勤務地は『基本的には家から通える店舗』とのことだったので、それも魅力に映りました。

しかし、研修を終えて実際に配属された店舗は、引っ越しが必要な地方の店舗でした。親にも相談して、『せっかく就職できた会社だから』『仕事自体は楽しくやれているし』と、数か月は地方店舗で働いていたのですが、やはりどうしても祖母のことや家のことが心配になってしまい、悩んだ末に退職しました。

今振り返ると、家から通うことが私の中で譲れない条件であるならば、エリア勤務制度のある会社などを選ぶべきだったと思います。

その点、私は自己分析も企業研究もできていませんでした。次の仕事に就く際は、何が自分にとって大切なのかをしっかり考えたうえで入社し、周囲に喜んでもらえるような仕事ができるよう、精一杯努力します。」

⑩やりたい仕事ではなく、早期離職

「私は新卒で入社した会社を1年以内に辞めてしまいました。モチベーションも上がらずに、興味のない仕事を淡々とこなす日々に耐えられなくなり、また上司や周囲との関係もうまくいかず辞めてしまいました。

しかし、根本は自分自身の甘えや社会人としての覚悟のなさが原因だったと深く反省しています。実力もない新入社員が、やりたい仕事だけをできるなんてことはなく、与えられた仕事をやり切り、周囲からの信頼を勝ち取るべきだったと今は思っています。

次の仕事では自分に言い訳せずに、前を向いて仕事をして、周囲から信頼され仕事を任せられる人間に成長していきます。」

⑪早期離職を複数回、繰り返している

「私が1社目のイベント運営の会社を1年半で退職した理由は、業務量が多く、また深夜勤務もあって、体力的に耐えられなくなってしまったからです。また、2社目の

プログラマーの仕事を１年で辞めたのは、プログラミング言語をなかなか習得できず、自分にはまったく向いていないように思ってしまったことが原因です。

今思うと、１社目ではもっと上司に相談していれば業務量を調整できたかもしれないですし、２社目は、１社目を辞めた焦りと、『手に職がつくのはいい』という安易な考えで入社してしまったので、事前にもっとプログラマーの仕事について調べるべきだったと思います。

そうした反省点は多々ありますが、２社経験したことで、私は人と接する仕事が好きだということ、またチームで何かをつくり上げるのが好きだということに改めて気づきました。

次の会社はそうした軸で選ぶとともに、入社した際には、上司や周囲にしっかりと相談しながら仕事を進め、貢献してまいります。」

いかがでしょうか。いくつかの実例を見て、「自分の場合だったら、こうかな……」と少しイメージできたのではないでしょうか。

経歴については、そこから学んだことや今後に活かす意思をしっかりと示すことができれば、むしろ評価を高めるチャンスに変えることができます。

不利と思える経歴があったとしても、それを補ってあまりある意欲や熱意があれば、企業はその可能性に懸けて採用（投資）をするのです。実際、私も、そうした人をたくさん見てきました。

ですからぜひ、事前準備をしっかり行い、自信を持って面接に臨みましょう！

ポイント 13

経歴は嘘をつかず、しっかり向き合う。そして、今後に活かす意思を示して、評価を高めるチャンスに変えよう！

STEP

14

面接対策②
志望動機の伝え方

志望動機は、企業への熱意を伝えるうえでとても重要です。説得力のある志望動機を伝えられるかどうかで、選考通過率が変わります。

志望動機を伝えるタイミングとしては、①応募時点で、文章の形で求められる場合、②面接で聞かれる場合の2つの場合がありますが、このSTEPの内容は、どちらの場合でも役立つものです。参考にしてみてください。

志望動機をつくる4つのステップ

STEP7で見た、図表③をもう一度見てみましょう。左側の円が自己分析で、右側の円が企業研究でした。

以下の4つのステップに従って、志望動機をつくってみましょう。

ステップ①

まずは自己分析のポイントを箇条書きで書き出してみましょう（強み、キャリアビジョン、経験、性格、興味など）。

【例】

・まじめでコツコツと取り組む強み
・コンビニアルバイトを4年続けた継続力がある
・長期的に働きたいという目標

図表③ 就職活動の全体像

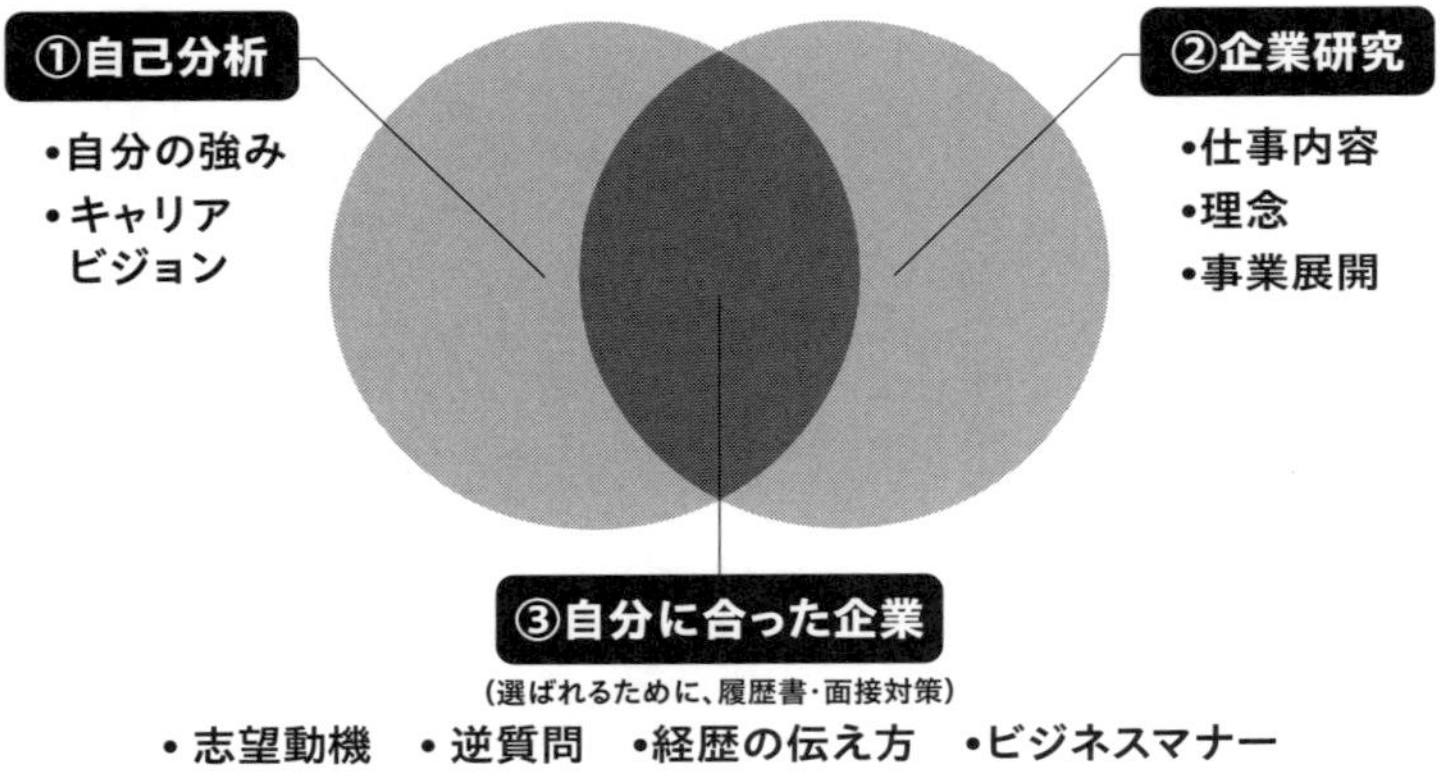

・引っ込み思案だがサポート力がある性格
・仕組みや効率を上げることに興味

ステップ②

次に企業研究でのポイントも書き出してみましょう（企業理念、事業概要、ビジョン、社風、求める人材像など）。

【例】
・地域社会への貢献を理念とする
・40～50代が多く落ち着いた社風
・〇〇業界で需要の安定したニッチな製品を提供
・各部署が連携して仕事をする

図表⑮ 志望動機のつくり方

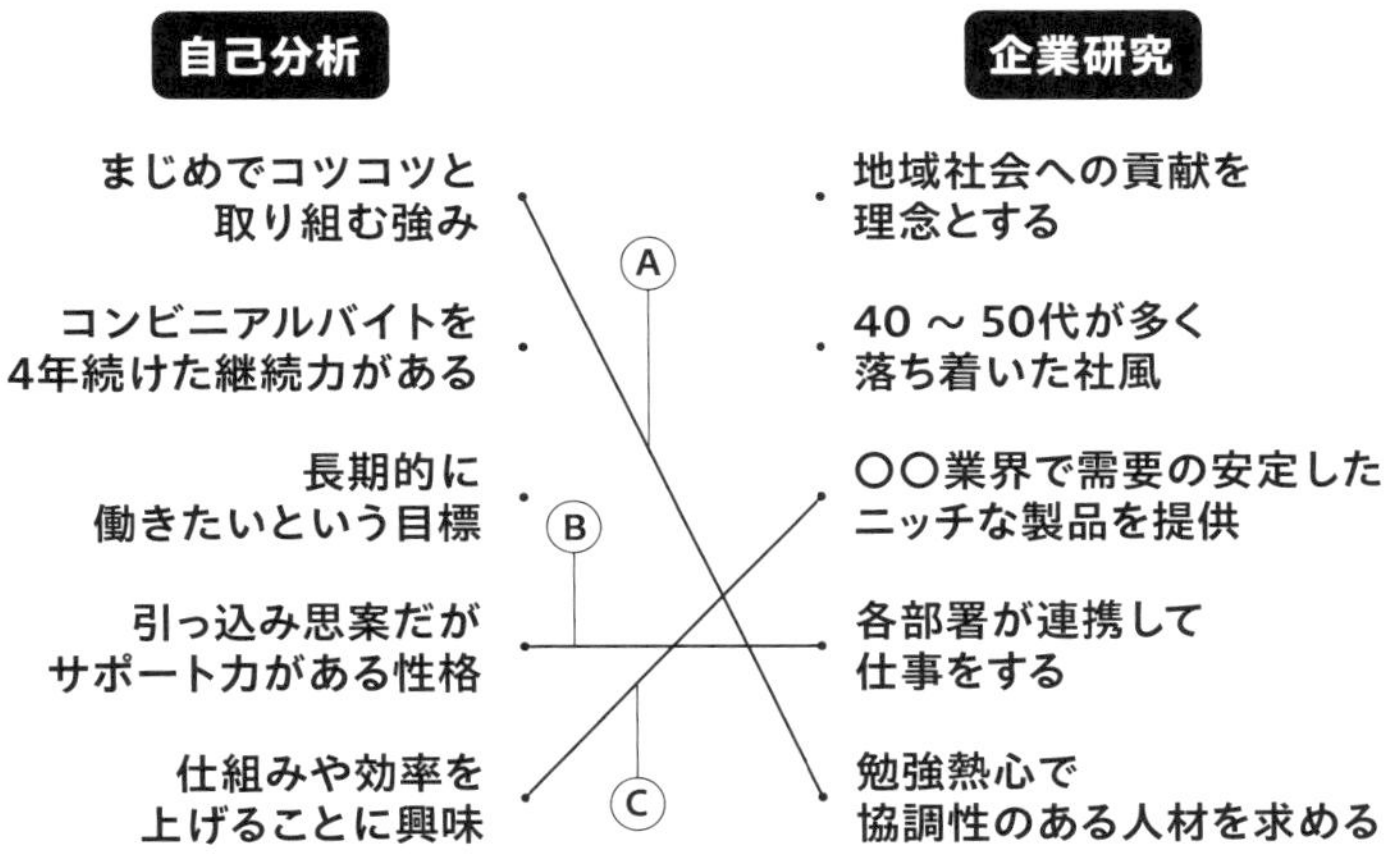
自己分析
企業研究
まじめでコツコツと取り組む強み
コンビニアルバイトを4年続けた継続力がある
長期的に働きたいという目標
引っ込み思案だがサポート力がある性格
仕組みや効率を上げることに興味
地域社会への貢献を理念とする
40 ～ 50代が多く落ち着いた社風
○○業界で需要の安定したニッチな製品を提供
各部署が連携して仕事をする
勉強熱心で協調性のある人材を求める
A
B
C

・勉強熱心で協調性のある人材を求める

ステップ③

自己分析と企業研究で出したポイントにおいて、共通点や関連のあるものを線で結んでみましょう（図表⑮）。

　これらがつながっているポイントが志望動機になりますので、一番伝えたいことを、履歴書や面接を通してしっかり伝えられると良いのです。

A：まじめな性格×求める人材像
↓コツコツ取り組む姿勢が、まじめさと協調性を重視する企業の社風にマッチ

B：サポート力×連携して進める仕事のしかた
↓周囲をサポートする性格が、チームで連携する職場の進め方と合っている
C：仕組みや効率化への興味×〇〇業界でニッチな製品を提供
↓〇〇業界での業務プロセスや仕組みづくりへの関心が事業内容と合致

ステップ④
志望動機の伝え方のテンプレートに当てはめて、文章をつくれば完成です！

【志望動機の伝え方テンプレート】

①魅力を感じたポイント（結論）
「私が御社を志望する理由は、〇〇〇〇（企業のポイント）です。」

②魅力を感じた理由や具体例（背景の説明）

「なぜなら、私は△△△(自己分析のポイント)の強み/価値観/経験があるからです。」

③入社後の意気込み(決意)

「入社後は、△△△を活かして貴社に貢献したいと考えています。」

「入社後は、貴社の〇〇〇に貢献できるよう、精一杯努力いたします。」


このテンプレートに沿って、実際につくってみたのが以下の内容です。

なお、先ほど例としてA、B、Cの組み合わせを挙げましたが、企業に特に好感を持たれやすいのは、事業内容への興味を示すCです。

そこで以下Cについて、テンプレートに合わせた志望動機案を紹介します。

C:仕組みや効率化への興味×〇〇業界でニッチな製品を提供

①魅力を感じたポイント(結論)

「私が御社を志望する理由は、〇〇業界で他社にはできない製品を提供し、独自の技術と業務プロセスを磨かれている点に魅力を感じたからです。」

②魅力を感じた理由や具体例（背景の説明）

「なぜなら、私はコンビニアルバイトでの4年間に、業務効率化や在庫管理の改善を意識して取り組んだ経験があり、効率化や仕組みづくりに興味を持つようになったからです。日々の業務改善に携わる中で、『より良い仕組みをつくることで、働く人々やお客様に大きな影響を与えられる』ことにやりがいを感じました。」

③入社後の意気込み（決意）

「入社後は、御社の技術開発の一翼を担い、さらに価値のある製品づくりに貢献します。」

志望動機は、その会社にしかあてはまらない内容じゃなきゃダメ？

志望動機を考える際、「その会社にしかあてはまらない志望動機を考えないといけない」と思っている人がいますが、そのようなことはありません。それこそ、世界に名だたる有名な企業であればそのようなことが言えるかもしれませんが、一般的な企業では、なかなか難しいこともあります。だからこそ、志望動機を複数準備して、「ここも好きだし、この点も好き、さらにはこんなところも好きだ」と、複数伝えられる準備をすることが大切なのです。

参考までに、図表⑮で線を引いたA、Bについても志望動機を考えるとしたら、以下のようになります。

A：まじめな性格×求める人材像

①魅力を感じたポイント（結論）

「私が御社を志望する理由は、勉強熱心で協調性を重視する社風に強く共感したためです。」

②魅力を感じた理由や具体例（背景の説明）

「なぜなら、私はコンビニアルバイトで日々の業務をコツコツと丁寧にこなし、在庫管理や接客において高い評価をいただき、リーダーへと昇進した経験があるからです。まじめに取り組む姿勢を評価されたことが自信につながり、４年間と長く働き続けてきました。」

③入社後の意気込み（決意）

「入社後はこのまじめさを活かして、御社の一員として着実に成果を上げていきたいと考えています。協調性を大事にしながら、チーム全体の成長に貢献いたします。」

Ｂ：サポート力×連携して進める仕事のしかた

①魅力を感じたポイント（結論）

「私が御社を志望する理由は、チームで連携しながら成果を上げられる職場環境に魅力を感じたためです。」

②魅力を感じた理由や具体例（背景の説明）

「なぜなら、私はコンビニアルバイトでお客様や同僚をサポートする役割を意識しながら働いてきたからです。たとえば、忙しい時間帯には後輩に業務の優先順位を伝えたり、自ら率先してフォローに回ったりすることで、スムーズな店舗運営に貢献しました。この経験から、連携しながら成果を出すことの大切さを学びました。」

③入社後の意気込み（決意）

「入社後は、周囲をサポートしながら、チーム全体で成果を上げられるよう貢献していきます。御社の職場で、これまで培ったサポート力を活かし、信頼される存在を目指してまいります。」

以上、A、B、C3つの志望動機を考えてみましたが、このように、1つの会社に対して志望動機を3つほど準備できていれば、面接でのさまざまな質問に回答できる土台がつくられているといえますし、自信もわいてくるでしょう。

ポイント 14

志望動機は、自己分析と企業研究の重なるポイント（共通点）を見つけていこう。唯一の志望動機を追求するより、複数の志望動機を準備しよう。

STEP

15

面接対策③
逆質問のつくり方

面接の最後などに、面接官から「何かご質問はありますか?」と聞かれることがありますが、それに対するこちらからの質問のことを「逆質問」といいます。

逆質問はなぜ大事?

面接官に「何か質問はありますか?」と聞かれたときに、何も準備せずに「質問は特にありません」と回答したら、面接官はどう感じるでしょうか?

「本当はあまり興味がないのかな？」

「志望度が低そうだな」

「意欲がないみたいだな」


と思われて、評価が悪くなる可能性があります。一方で、効果的な質問をたくさんすると、

「とても興味を持ってくれているな」

「働くイメージを持とうとしているな」

「意欲が伝わってきて会話が楽しいな」


と、高評価につながることが多いでしょう。

そう思われるためにも、逆質問を準備しておくことはとても大切なのです。

効果的な逆質問のつくり方

では、どのように準備すれば、効果的な逆質問をつくれるのでしょう。
そのヒントは、１６９ページでご紹介した、図表⑮「志望動機のつくり方」にあります。

志望動機のつくり方のところで、

・自己分析と企業研究で出したポイントのうち、共通項や関連のあるものを線で結ぶ
・つながったポイントが志望動機になる

という話をしました。

ここから、

図表⑮ 志望動機のつくり方

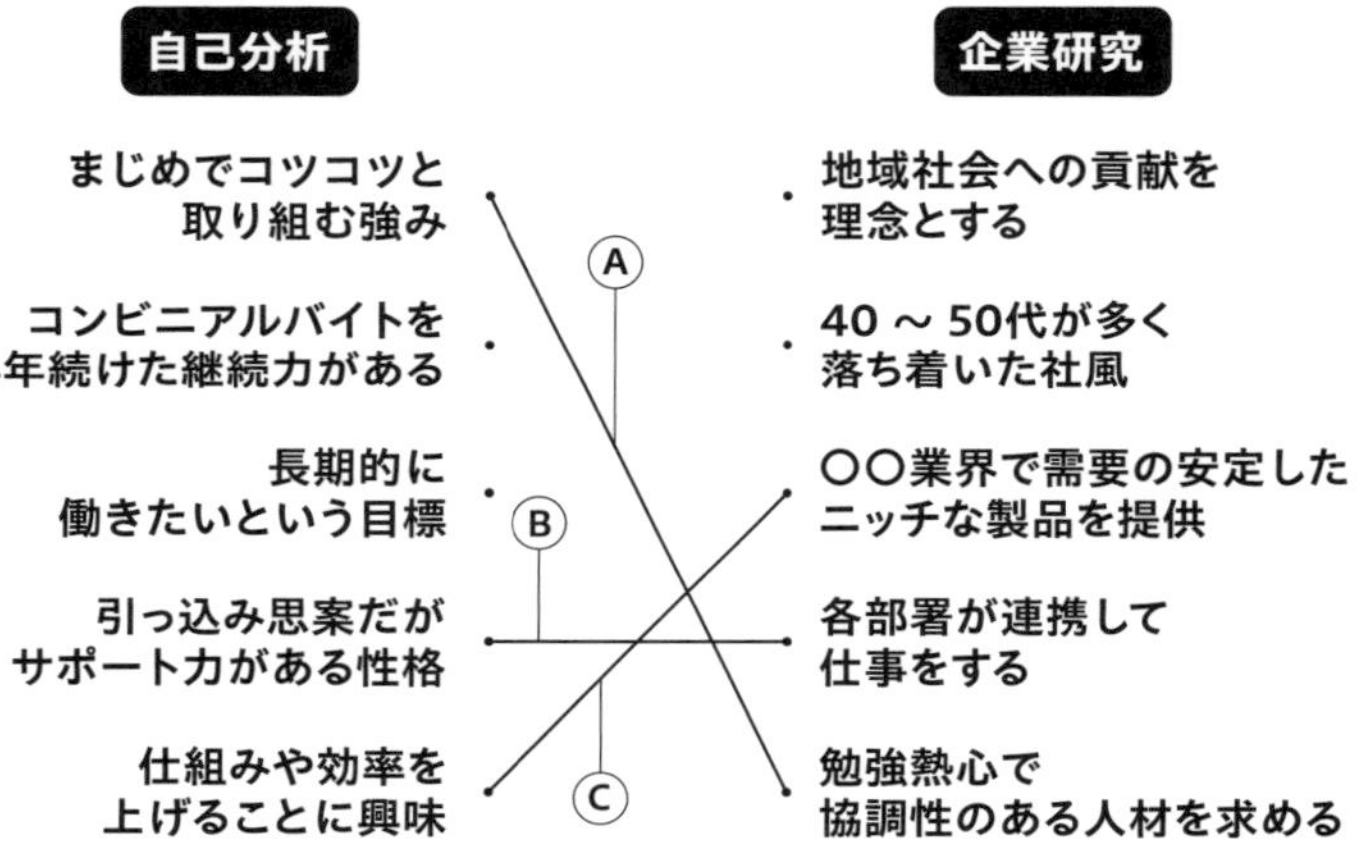
自己分析
企業研究
まじめでコツコツと取り組む強み
コンビニアルバイトを4年続けた継続力がある
長期的に働きたいという目標
引っ込み思案だがサポート力がある性格
仕組みや効率を上げることに興味
地域社会への貢献を理念とする
40 ～ 50代が多く落ち着いた社風
〇〇業界で需要の安定したニッチな製品を提供
各部署が連携して仕事をする
勉強熱心で協調性のある人材を求める
A
B
C

①志望動機として準備した部分をより深く聞いて理解を深める

②つながっていない点について、自分と合っているのか、違っているのか確認する

という視点で逆質問を考えていきます。

先ほど、「事業内容への興味を示す志望動機が、印象が良い」という話をしましたが、逆質問の場合も同様なので、事業内容に関するCの逆質問例から紹介します。

①志望動機として準備した部分をより深く聞いて理解を深める

C：「私は仕組みや効率化などに興味があるのですが、御社が技術力を高めていく点でこだわっているポイントはありますか？」

A：「私はコツコツ取り組むことが得意で、御社でも勉強熱心な人を求めていると聞きましたが、具体的にどんな勉強や知識を取り入れていくことが大事でしょうか？」

B：「私は周囲をサポートすることに喜びを感じますが、御社ではどのような連携やチームワークを重視していますか？」

②つながっていない点について、自分と合っているのか、違っているのか確認する

「私は、I社で長く勤めたいと考えていますが、御社では、20代で入社して、長い人だとどのくらい働かれていますか？　またその人たちの共通点などはありますか？」

このように、自己分析をもとにした質問をつくることができれば、面接官にも質問の意図（なぜ、その質問をするのか）がわかりますし、企業の回答内容についても、あなた自身が「聞いて良かった」とより思える情報が得られるでしょう。

どの企業にも聞ける逆質問

とはいえ、逆質問を考えるのはやっぱり大変……という人向けに、どの企業でも聞ける逆質問の例を紹介します。

ただし闇雲に使ってはいけません。あなたが、聞いてみたいな、聞いたときにうまくリアクションできそうだな、と思う質問をするようにしましょう。

【業界や仕事に関する質問】

「業界内で御社が特に注力しているポイントについて教えていただけますか？」

「この業界で今後伸びる分野やトレンドは何だとお考えですか？」

「お客様とのやり取りで御社が特に注意を払っているのはどのような点でしょうか。」

「ぜひ御社で働くイメージを付けたいのでお聞きしたいのですが、1日の仕事の流れを教えてください。」

【活躍する姿勢を示す質問】

「御社で活躍していくためにぜひお聞きしたいのですが、入社に向けてどのような勉強をするとよいでしょうか？」

「もしご縁があった際は、ぜひ長く勤めたいのでお聞きしたいのですが、御社で活躍されている方に共通するポイントはありますか？」

「ご縁があった際、いち早く御社に馴染んでいけるようにお聞きできたらと思うのですが、御社の社員の方にはどのような方が多いなど、特徴はありますか？」

【面接官に関する質問】

「業務の中で特に〇〇さん（面接官の人）が仕事のやりがいを感じたエピソードがあればぜひ教えてください。」

「〇〇さんが働く中で、大切にされていることは何でしょうか？」

面接官の役職に応じた逆質問

逆質問の内容は、面接官の役職や立場に応じて適切に選ぶことも大切です。

たとえば、現場の社員に、給与や研修制度の詳細を聞いても、正確な答えが得られないことがあります。また、役員クラスの方に新入社員の日常的な業務内容について尋ねるのも、少しズレた印象を与えてしまうかもしれません。

以下、役職別に聞くべき質問例を紹介します。

【人事担当者向け（採用プロセスや社内制度に詳しい）】

「新入社員研修の内容について教えてください。」

「キャリアパスや成長の機会について詳しく伺いたいです。」

「御社で長く働いている社員の特徴や共通点は何でしょうか？」

【現場の社員向け（日々の業務内容や職場環境に詳しい）】

「配属予定のチームでは、どのような業務が中心になりますか？」

「一緒に働くメンバーの雰囲気や働き方について教えてください。」

「仕事を進めるうえで大切にしていることを教えていただけますか？」

【役員クラス向け（会社のビジョンや成長戦略について詳しい）】

「御社が今後、目指している方向性について教えてください。」

「特に注力している事業や分野について伺いたいです。」

「私のような未経験者が早期に成長するために意識すべきことは何でしょうか？」

NGな質問と、いきなり聞くと危険な質問

ここまで、良い質問例を紹介してきましたが、一方で、面接の流れによっては逆効果になる質問もあります。ここではそんな「NGな質問」「NGではないが、注意すべき質問」の例を紹介します。

【調べればわかる質問】

「御社の創業年はいつですか？」
「本社の所在地はどこですか？」
「主要事業内容を教えてください。」

ホームページや説明会で簡単にわかる内容をそのまま質問すると、「事前準備が足りない人」と見られる可能性があります。ホームページは面接前にチェックしたうえ

で、その内容をより詳しく聞くような質問であればＯＫです。

【ネガティブな質問、または答えにくい質問】

「離職率が高い理由は何ですか？」
「残業が多い部署はどこですか？」

会社に対する疑念やネガティブな印象を前提とした質問は、相手に不快感を与える場合があります。同じ内容でも「社員が長く働けるための取り組み」や「成長のためのサポート体制」など、ポジティブな切り口で聞くとよいでしょう。

【給与・待遇に関する質問】

「昇給はどのくらい期待できますか？」
「ボーナスの支給額はどの程度ですか？」

こういった内容は、実際、とても気になるところだと思います。ただ、こうした質問は、逆質問の最初の質問としてはしないほうが無難です。逆質問の最初にしてしまうと、「仕事内容には興味がないのかな」と思われる可能性があります。まずは仕事や会社への興味を示し、ある程度話が弾んできたら聞くようにしましょう。

また、ネガティブな質問については、就職エージェントを利用している人は、担当者に聞いてもらうのもよいでしょう（ジェイックでも、入社後のミスマッチがないように、このようなすり合わせは大切にしています）。

面接官との一問一答にならないように注意

逆質問の内容を考えて、いざ面接の場で質問をするとき、注意すべきことがあります。

それは、面接官との一問一答にならないようにすることです。

面接官との一問一答とは、次のようなやりとりを指します。

あなた：〇〇についてはいかがでしょうか？
面接官：〇〇についてはこういう制度があります。
あなた：わかりました。では、△△についてはいかがでしょうか？
面接官：△△については、こういうふうになっています。
あなた：ありがとうございます。では□□については……。

このようなやりとりでは、一つひとつの質問がブツ切れになってしまい、あなたが次から次へとボールを投げるようなやりとりになってしまいます。
面接官も、「答えたのに、『わかりました』『ありがとうございます』のひと言だけか……」という印象を持ってしまうでしょう。

面接というと特別な場のように感じてしまいますが、「人との対話」であることに変わりありません。
そして「人との対話」とは、「言葉のキャッチボール」でもあります。以下のような、友だちとの会話を思い浮かべてみてください。

A：昨日は何してたの？
B：映画館で映画を観たんだけど、めちゃくちゃ面白かったよ！　〇〇って作品なんだけど、アクションシーンが圧巻だった！
A：△△が主演のやつだよね？
B：そうそう。
A：だったら、2年前の□□も観たほうがいいよ。最後のバトルシーンはすごかった。
B：ありがとう！　今度観てみるね。Aは昨日何してたの？
A：昨日はずっとバイト……。
B：ファミレスだっけ？
A：そうそう。

最初はAが質問する側ですが、途中からBが質問する側に回っています。

相手がボールを投げて、こちらが受け取って相手にボールを投げるキャッチボールと同じように、対話もまた互いに質問し合って初めて成立するものです。

面接も基本的にはこれと同じです。ただ、面接における逆質問の場面で、右の友だちとの会話のように話を展開させるのはなかなか難しいかもしれません。

そうであれば、せめて、面接官の回答に対してあなたが一言添えた返答をしたうえで、次の質問に移りましょう。または、面接官の回答に対して新たな疑問が生じたら、追加で質問するのも良いといえます。

【面接官の回答にひと言添えて返答し、次の質問に移る】

面接官：何か質問はありますか？

あなた：私は仕組みづくりや効率化などに興味があるのですが、御社が技術力を高めていく点で、こだわっているポイントなどはありますか？

面接官：ご質問ありがとうございます。当社が技術力を高めるうえでこだわっているのは、現場の声を活かすことです。たとえば、昨年導入した○○技術は、現場からの提案をもとに効率化を実現したものです。

あなた：ありがとうございます。現場の方たちの意見を大切にされているところに、御社の強さがあったのですね。もし入社できましたら、私も良い提案ができるように、しっかりと経験を積み、力をつけていきたいです。

では、次の質問ですが……

【面接官の回答に対し、新たな質問を続ける】

面接官：何か質問はありますか？

あなた：私は仕組みづくりや効率化などに興味があるのですが、御社が技術力を高めていく点で、こだわっているポイントなどはありますか？

面接官：ご質問ありがとうございます。当社が技術力を高めるうえでこだわっているのは、現場の声を活かすことです。たとえば、昨年導入した○○技術は、現場からの提案をもとに効率化を実現したものです。

あなた：ありがとうございます。現場の方たちの意見を大切にされているところに、御社の強さがあったのですね。私ももし入社できましたら、良い提案ができるように頑張りたいです。

そうした提案や、アイデアを出すことは、若手社員でも可能なのでしょうか？

このように、会話のキャッチボールを意識しながら、さりげなく意欲や向上心をアピールできるのが理想です。本番でそれができるためにも、逆質問の事前準備は大切ですので、3つ以上、必ず用意しておきましょう。

ポイント 15

逆質問には意図を込めて、会話がさらに弾むようなアピールにつなげられるのが理想！

「自己PR・志望動機・逆質問」の作成と添削ができる「就活AI」

「就活AI」は、自己PRや志望動機・逆質問の作成を、AIの力でスムーズに進められるように、私たちジェイックが開発したサービスです。就職活動が不安な未経験者や学生のみなさんのタイムパフォーマンスを高められます。この本の内容も踏まえながら、ぜひ活用してみてください。

就活AI　3つのメリット

①自己PRや志望動機、逆質問の作成など、就活の準備が効率的にできる。
②AIが自動生成と添削を行うため、就活初心者でもスムーズにできる。
③就職支援のノウハウが活かされているので、自信を持って準備ができる。

4つの
項目に単語を
入力する
だけで……

❶ 現在の職業

既卒／フリーター

❷ 職業形態

中途採用（未経験／ポテンシャル層）

❸ アピールしたい強みや姿勢、能力、スキルに関するキーワードや単語、数字

まじめに努力できる　継続力

❹ 自己PRに入れたいエピソードに関するキーワードや単語、数字

コンビニのアルバイトを3年継続している

AIが
自己PR文を
作成!

回答

作成した自己 PR のたたき台は以下の通りです。

私はまじめに努力できるという力を持っており、その継続力を示す具体例として、コンビニのアルバイトを3年間続けていることが挙げられます。アルバイトを通じて、正確なレジ打ち、忙しい時でも冷静に対応する能力、そしてチームワークを大切にする姿勢を身につけました。例えば、新人スタッフが入った際には、丁寧に仕事を教え、協力して受け持つことができました。このような継続的な努力を積み重ねてきた経験から、入社後も新たなことに挑戦し、志を持って成長していく姿勢を発揮できると自負しています。

- **完全無料**
- **志望動機、逆質問も作成**
- **利用回数50万回突破**

※ 2025年4月時点

QRコードから、
または
「就職 AI」で
検索

STEP

16

面接対策④
面接でよく聞かれるその他の質問

ほかにもある！　準備が必要な質問例

ここまで「経歴」「志望動機」「逆質問」という、面接で特に重要な内容について説明してきました。

面接では、そのほかにもさまざまな質問をされる可能性がありますが、すべての質問には意図があります。このＳＴＥＰでは、よく聞かれる質問とその意図、質問に対する効果的な答え方について解説します。すでに説明した内容と一部重複するものもあるかもしれませんが、以下の内容を参考に、回答を準備してください。

なお、いずれの質問も、答えるときは結論から話すことが大切です。各質問への回答を準備するときは、必ず結論から伝える内容を準備しましょう。

①自己紹介

自己紹介は面接の冒頭でよく聞かれる内容です。

面接官は通常、あなたの履歴書を持って面接に臨みますが、あなたから直接話を聞くことで改めて内容を把握し、質問のポイントを見定めます。


【ポイント】

・学歴や職歴、特に頑張ってきたこと、持っているスキルや能力を簡潔に伝える
・面接官に「もっと話を聞いてみたい」と思わせる内容を意識する

②自己ＰＲ（強みと長所）

自己ＰＲは、自分の強みや長所を伝える時間です。質問形式はさまざまですが、ほ

ぼ必ず聞かれるといってよいでしょう。

【ポイント】

・強みを簡潔に伝える

・強みの裏付けとなる具体的なエピソードを伝える

・強みを活かす意気込みを伝える

※STEP12の履歴書における自己PR文の書き方のポイントと同様です。

③自分の弱み・短所

自分に足りない点はどこか、それをどのように捉えているかを聞く質問です。

【ポイント】

・ネガティブな表現で終わるのではなく、ポジティブな表現で伝える

・克服するためにしている努力等も一緒に伝える

※弱みを聞かれたときについては、STEP8でも説明していますので確認しておきましょう

④周囲からの印象

「周りからどんな人だと言われますか？」という質問では、自己認識や人柄を確認されています。

【ポイント】

・ポジティブな印象を伝える（例：「責任感が強い」「ムードメーカー」など）

・面接官に良い印象を与えるよう工夫する

⑤就職や転職の理由

「なぜ就職活動を始めたのか」「なぜ前職を辞めたのか」といった質問も頻出です。

企業は、あなたの意欲や目的意識を確認しようとしています。

【ポイント】

・前向きな理由を中心に話す（例：「スキルアップを目指して」など）

・消極的な理由（例：「休みが少なかった」）は避けるか、ポジティブな言い回しに変える

⑥ 就職の軸

「就職先を選ぶ基準は何ですか?」という質問です。あなたの価値観や優先順位を知りたいと考えています。

【ポイント】

・成長機会や社風、事業内容などポジティブな要素を挙げる
・条件面(給与や休み)は控えめに

⑦ つらかった経験

「これまでに大変だったことと、それをどう乗り越えたか」を問う質問です。この質問を通じて、問題解決能力や忍耐力を確認されます。

【ポイント】

・部活やアルバイトの経験を例に挙げ、乗り越えたエピソードを話す
・得た学びや成長を具体的に伝える

⑧ やりがい

「どんなときにやりがいを感じますか？」という質問では、あなたの価値観や性格を見られます。

【ポイント】

・自分がやりがいを感じるときについて具体的に説明する
・応募企業の仕事内容に関連付けて答えると効果的

⑨ 目標や夢

「将来どんな社会人になりたいか」「5年後にどうなりたいか」といった質問もよく聞かれます。キャリアビジョンを聞く質問です。

【ポイント】

・具体的な目標や夢、キャリアビジョン（なりたい社会人像）と、そう思う理由を話す
・それに向けて、どのように仕事に取り組みたいか、意気込みを話す

・実現するうえで必要だと思う経験やスキル等についても話せたらなおよい

面接の準備は、自分自身を見つめ直す良い機会です。それぞれの質問に対し、前向きで具体的な回答を意識しましょう。準備をしっかり行うことで、自信を持って面接に臨めます。

ポイント
16

想定される質問への回答をしっかり準備することが、面接での自信につながる!

STEP 17

面接対策⑤
面接で話す練習をする

「面接スイッチ」の入れすぎに注意!

「覚えたことをしっかりと話そうと思って、ロボットみたいな受け答えになった」
「緊張して、声がうわずってしまった」
「用意した原稿にない質問をされて、しどろもどろに……」

そんな経験をしたことがある人も多いのではないでしょうか。これは、うまくやろうとするあまり緊張して、墓穴を掘って、評価されないことに焦って、さらに緊張して……というループに陥ってしまう状態です。

たしかに、面接は「選考」の場ですから、緊張してしまうのも無理はありません。だからこそ、本番を想定して「練習」を重ねておくことが大事なのです。

ときどき、「練習なんてしなくても、ありのままの自分で勝負しよう」という人がいるのですが、私の経験上、このような人は多くの場合、「思ったよりも喋れなかった」「もっと練習しておけばよかった」という感想を漏らします。

自己分析と企業研究をしっかりやったのに本番で発揮できないのは、とてももったいないことです。野球であれば素振り、サッカーであればリフティングと、基礎練習はとても大切です。それらをまったくせずに、試合に出るとどうなるでしょうか。おそらく目標にはまったく届かないでしょう。

就職活動も同じです。必ず面接練習をしたうえで、本番に臨むようにしましょう。

面接練習の5つのポイント～本番で頭が真っ白にならないために

面接練習をするうえでのポイントは以下の5つです。

①話す内容は、文章ではなくキーワードを覚える

自己PRや志望動機など、つくった文章を一字一句覚えようとする人もいますが、あまりおすすめしません。

一字一句覚えた内容は、話すときにどうしても棒読みのようになってしまいますし、途中で忘れてしまったときに、思い出すのが難しいからです。

この点、キーワードだけ覚えておけば、細かい内容を覚えていなくても、キーワー

ドをつないで話すことができます。内容を忘れるリスクについても、もともとキーワードだけの記憶なので、忘れにくくなります。

②話すときは、情景を思い浮かべながら話す

「キーワードを思い出しながら、かつ情景も思い浮かべて……」と、難しい印象を受けるかもしれませんが、過去のエピソードなど、情景を思い浮かべながら話すことができれば、より自然な印象で話すことができます。

③話すときは、背筋を伸ばし、お腹から声を出して滑舌よく話す

お腹から声を出すことで、声に張りが生まれ、相手に届きやすくなります。背筋を伸ばして、喉ではなくお腹に力を入れることを意識して声を出しましょう。また滑舌については、口を大きく動かして、顔の筋肉を動かして練習することで、明るい表情と聞き取りやすい声が身に付きます。声のトーンの抑揚も意識してみましょう。

④ボディランゲージで意欲を伝える

面接では、言葉だけでなく、ボディランゲージを活用することも重要です。話の内容に合わせて、自然な身振り手振りを取り入れることで、言葉に説得力を加えることができます。

また、適度にうなずきながら相手の話を聞くと、共感や関心を示せますし、視線を合わせてアイコンタクトを取ることも、自信や誠実さを伝えるうえで効果的です。ボディランゲージも活用して、意欲や熱意を伝えていきましょう。

⑤とにかく練習を繰り返し、話すことに慣れる

スポーツも似ているかもしれませんが、面接で上手に話すことは、頭で理解して身に付くものではなく、実践を繰り返すうちに身に付くものであるといえます。ですから、本書を読んで頭で理解するだけでなく、実際に何度もやってみることがとにかく

大事です。

その際は、家族や友人に面接官役を頼んで、練習するのが望ましいのですが、人に頼んで、何時間も何十回も練習するのは難しい場合が多いかもしれません。

そんなときの練習ツールとしてとても有効なのが、スマートフォンです。スマートフォンの録画機能を活用し、自分が喋っている様子を録画して、話し方や表情、内容をチェックします。

また、ジェイックが提供している面接練習アプリ、「steach®（スティーチ）」もおすすめです（212ページ参照）。

自分の面接練習の様子を録画して見るのは、

「ちょっと恥ずかしいなぁ」

と感じて躊躇したりするかもしれませんが、自分を客観的な視点で見てみると、意外な弱点も見えてきます。

この時点で見えてくる弱点は修正可能な弱点なので、本番で過度に緊張してしまわないよう、繰り返し練習しましょう。

面接中、緊張して何も話せなくなったら

十分に練習して面接に臨んだのに、面接の最中、緊張のあまり何も言葉が出てこなくなった……ということもあるかもしれません。

そんなときは、

「緊張して頭が真っ白になってしまったので、少しだけお時間ください」
「少し考えさせていただいてもよろしいでしょうか」
「緊張していますので、メモを見てもよろしいでしょうか？」

と言ってしまいましょう。

無理に取りつくろったり隠したりするよりも、**正直に話したほうが人柄が伝わって好印象に映る**、ということもあります。

また、面接あるあるの1つとして、普段使わない一人称を無理して使おうとして、男性の場合、「私」と「僕」が混ざってしまうケースがあります。

社会人としては「私」を使えたほうがよいのは間違いありませんが、「僕」を使ったから不採用だった、というケースはありません。ですから、本番は細かなルールを気にするよりも、自分の思いを伝えることに集中するようにしてください。

話し方は練習を練り返すことで必ず上達します。明るくハキハキとした話し方を心がけ、自信を持って面接に臨んでください。

ポイント 17

本番で緊張しすぎないためには、実際に話す練習が大切。しっかり基礎を固めよう！

たった5分で面接力アップ！面接練習アプリ「steach®（スティーチ）」

「面接練習をしよう！」といってもなかなか進められない、という人におすすめなのが、ジェイックが開発した無料のAI面接練習アプリ「steach®（スティーチ）」です。自撮りした内容を、AIが6つの指標（①自信、②笑顔、③ボディランゲージ、④声の大きさ、⑤話すスピード、⑥伝わりやすさ）でそれぞれ5段階評価。自分の得点だけでなく、利用者全体の平均ラインや合格ラインも表示されるので、できている点、できていない点を細かく把握できます。また、面接練習で話した内容を文字起こしすることもできるので、自分の口癖を確認したり、自己PR作成に役立てたりすることも可能です。

このアプリで練習を重ねて、内定を獲得した人もたくさんいます。ぜひ活用して、面接への自信をつけましょう。

自撮りで簡単に面接練習

よくある質問に答えるだけ。
第一印象チェックもできます。
1人で基礎から面接力アップ！

AIが点数化し、フィードバック

① 自信
② 笑顔
③ ボディランゲージ
④ 声の大きさ
⑤ 話すスピード
⑥ 伝わりやすさ

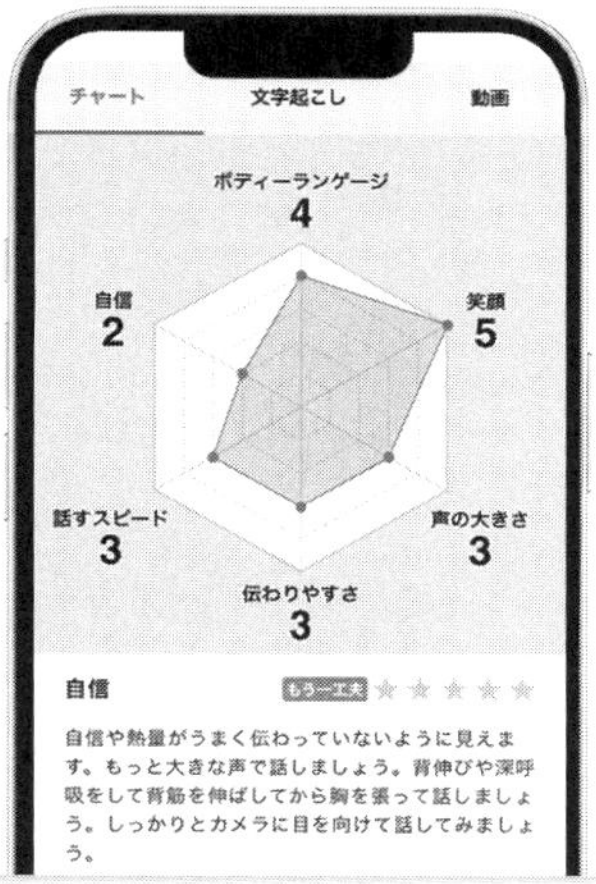

steach® 紹介ページ　App Store　Google Play

STEP 18

面接対策⑥

面接で必要なビジネスマナーを知る

第一印象は3秒で決まる！

ここまで「面接で何を話すか、どう話すか」ということについてお伝えしてきました。それらがしっかり活かされるかどうかは、面接時の第一印象にもかかっています。そこでSTEP18では、まず「3・3・3の法則」というものについて説明していきます。

【3・3・3の法則】
・人は他人と出会って3秒以内で、第一印象が決まる
・次に話をして30秒ほどで、声の大小や明暗、トーンなどから第二印象が判断される
・その次の3分ほどで、気が合いそうか、好感が持てそうかなど、人間関係につながる判断がされる

あなたが初対面の人に会ったときはどうでしょうか？

おおよそ、これと同じぐらいの時間で、相手の印象が決まるのではないでしょうか。この3分間で好印象を持たれるようにするために大切なのが、ビジネスマナーです。

このSTEPでは、もっとも基本的なビジネスマナーともいえる「身だしなみ」「挨拶」「お辞儀」「姿勢」の4つについて説明したうえで、実践できると良いその他のビジネスマナーについてもお伝えします。

これらは事前に準備するだけで、印象がアップするものばかりです。

面接当日、自信を持って会場に向かうためにも、しっかりと身に付けましょう。

あなたは大丈夫？ 身だしなみ22のチェックリスト

まずは身だしなみの話からしていきましょう。面接の際、面接官が最初に見るのがあなたの身だしなみです。ここで問題があると、面接での受け答えがどんなに良くても、「話は良いけど、身だしなみがちょっと……」と、合格を出すのを躊躇してしまいます。私も、身だしなみや第一印象が理由で面接で落ちてしまう人を、これまで何人も見てきました。

身だしなみについて、２１８ページに22項目のチェックリストを掲載しますので、〇×で自己診断してみてください。

面接官は、身だしなみに厳しい年配の方の場合もあるので、「×がつかなければOK」ではなく、誰が見ても〇がつくレベルを目指し、厳しめにチェックをしておきましょう。

なお、オンライン面接の場合、身だしなみへの意識が薄くなりがちですので、注意が必要です。

コロナ禍でオンライン会議が一気に普及した際、働く人の間で話題になったのが、カメラに映っていない部分の服装、具体的にはズボンやスカートをどうするかです。

最近は、ラフな格好での出社を許容する企業が増えているとはいえ、面接の場合は、オンラインだからと気を抜かずに、スーツを着る場合は、上着だけでなく、ズボンもしっかりとはいてください。パソコンが倒れてスーツの下は部屋着なのがバレてしまった……ということだけは避けましょう。

身だしなみは、準備すれば誰でもできるものが多いので、できていないと目立ってしまいます。面接の当日、必ず確認して、「全部ＯＫ！」と言えるようにしましょう。

○or×
↓

□ ⑬ フラップ（ポケットの蓋）は外に出してありますか？　女性の場合はデザインによって例外あり。なお、「室内では蓋を内に」という説もありますが、室内か室外かでコントロールするのは現実的でなく、自宅を出たら「外」というシンプルな運用でよいと思います。

□ ⑭ 靴下やストッキングの色は、スーツに合っていますか？（白はNG）／（男性）靴下は短すぎませんか？（くるぶしソックスはNG）／（女性）ストッキングは伝線していませんか？　予備は用意していますか？

□ ⑮ 靴下に穴はあいていませんか？　行ってみたらスリッパに履き替える部屋に通され、靴下に穴があいているのを見られてしまった、といった話が実際にあります。

□ ⑯ 靴とベルトはビジネスに相応しいもので、男性はその色を揃えていますか？

□ ⑰ 靴はきれいに手入れできており、踵《かかと》がすり減ったり、汚れたりしていませんか？

□ ⑱ ハンカチ、ティッシュ、マスクは持っていますか？

□ ⑲ 時計はビジネスに相応しいものを用意していますか？

□ ⑳ かばんはビジネスに相応しいものを用意していますか？

□ ㉑ かばんの中に、漫画雑誌など、面接に関係のないものが入っていませんか？　万一、ファスナーをあけたまま面接をすると、良い印象を与えない可能性があります。

□ ㉒ タバコの臭いや体臭、口臭はありませんか？　また、履歴書等にタバコの臭いがついていませんか？

面接時の身だしなみチェックリスト

○or×
↓

- [ ] ① 頭髪はビジネスシーンに相応しく、整髪料を使うなどして清潔に整えられていますか？
- [ ] ② 頭髪は、明るすぎるなど、不自然な色に染められていませんか？
- [ ] ③ スーツにフケなどはついていませんか？
- [ ] ④（男性）ヒゲは伸びておらず、清潔な印象になっていますか？／（女性）メイクはきちんとしており、派手ではなく、清潔な印象になっていますか？
- [ ] ⑤ 鼻毛は出ていませんか？
- [ ] ⑥ 歯はきちんと磨けていますか？
- [ ] ⑦ 手は汚れておらず、爪は切り揃えられていますか？　女性の場合、派手なマニキュアをしていませんか？（透明や薄いピンク一色は可）
- [ ] ⑧ スーツの色や形は派手ではなく、サイズは体に合っていますか？
- [ ] ⑨ ポケットに物がいろいろ入って膨らんでいませんか？（パンツのポケットには何も入れない、上着外側のポケットにはペンなど挿さない）
- [ ] ⑩ スーツやインナーは、クリーニングやアイロンできちんと整えられていますか？　パンツの前の線（プレス）や、シャツのアイロンも確認してください。
- [ ] ⑪ ボタンはとれていませんか？　正しく留めていますか？（男性）一番下は留めない。／（女性）すべて留める。
- [ ] ⑫ シャツの下に、外から透けて見える派手なインナーを着用していませんか？

挨拶は明るい声で。お辞儀は場面に応じて使い分ける

次に、面接開始時、終了時の「挨拶」と「お辞儀」について解説します。

まず挨拶については、「おはようございます」「よろしくお願いします」「ありがとうございました」といった基本の挨拶を明るい声でできるよう、練習しましょう。

面接当日は、受付で出てきてくれた方に挨拶をするほか、面接官と最初に対面したとき、面接が終了したときにも挨拶をしましょう。面接開始時、案内された部屋で自分が待っていて（このときは座っていて構いません）、あとから面接官が入室したときは、すばやく立って挨拶をするようにしましょう。

お辞儀の種類

その際のお辞儀は、場面に応じて次の3種類を使い分けます（図表⑯）。

図表⑯ 面接時のお辞儀の種類

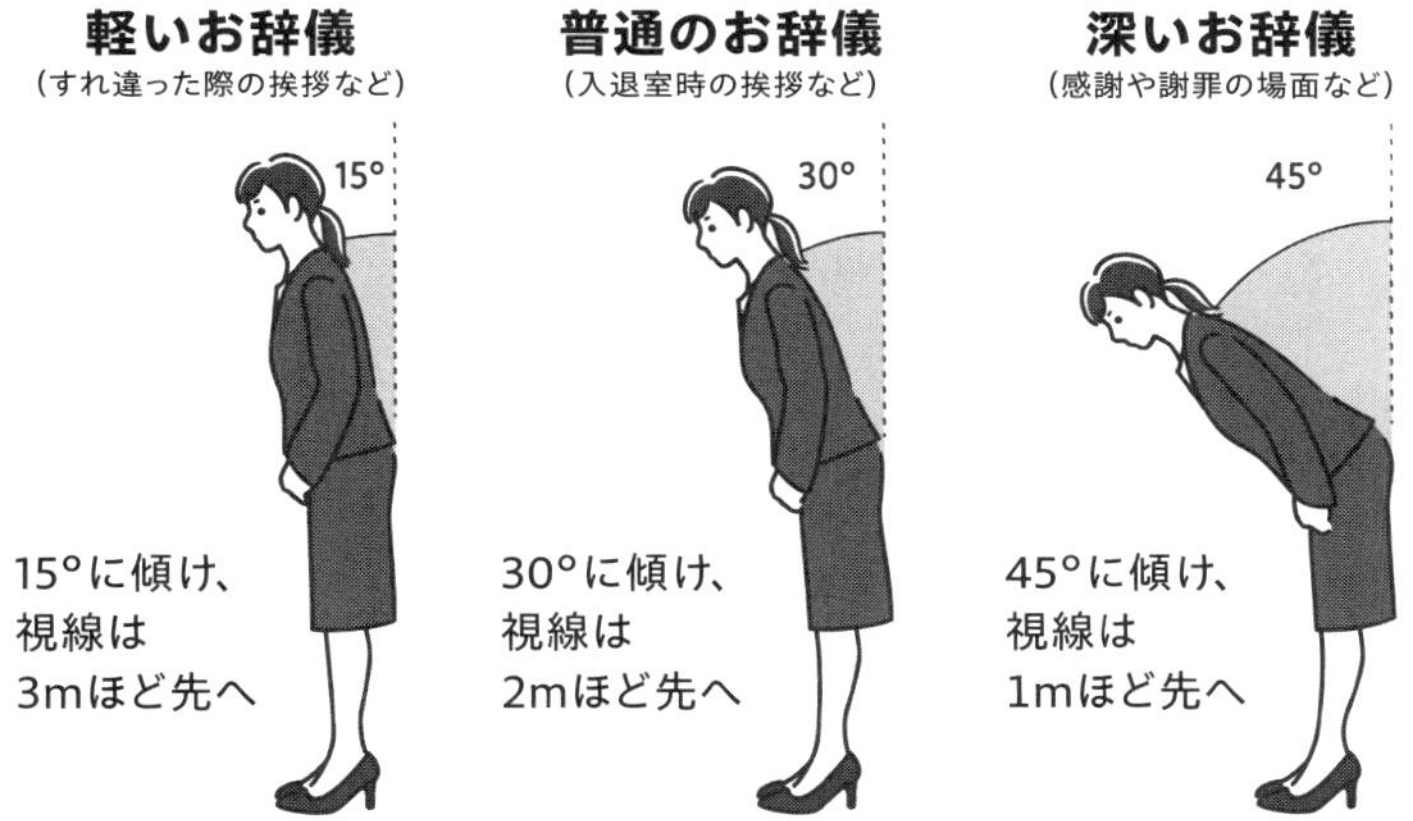

【深いお辞儀】

45度程度に体を傾け、1mほど先に視線を落とす。感謝したり謝罪したりする際に使用する。

【普通のお辞儀】

30度程度に体を傾け、2mほど先に視線を落とす。面接の入退室時などで使用する。

【軽いお辞儀】

15度程度に体を傾け、3mほど先に視線を落とす。廊下などですれ違ったときの挨拶などの際に使用する。

お辞儀をするときは、背筋を伸ばし、腰から折るようにするのがポイントです。

立ち姿勢・座り姿勢・歩くときの姿勢

最後は姿勢です。姿勢は第一印象を大きく左右します。ここでは、「立っているときの姿勢」「座っているときの姿勢」「歩くときの姿勢」について確認します（図表⑰）。

①立っているときの姿勢（立ち姿勢）

背筋を伸ばし、肩の力を抜き、あごを引きます。壁を背にして肩・お尻・後頭部をつけて立つ練習がおすすめです。

②座っているときの姿勢（座り姿勢）

椅子に浅く腰掛け、背筋を伸ばします。男性は足を肩幅に開き、女性は膝を揃えて座ると美しい印象を与えます。

図表⑰ 座っているときの姿勢にも注意

座り姿勢・男性の場合

足	肩幅に開く
つま先	真っすぐ
脇	少ししめる
手	自然な位置

座り姿勢・女性の場合

膝	揃える
かかと	合わせる
つま先	前に揃える
指先	伸ばす
手	左手を上に重ねる

③ 歩くときの姿勢

背筋を伸ばし、腰から前に出るように歩きます。手足をゆっくり大きく動かすと落ち着いた印象になります。

覚えておきたい、その他のビジネスマナーや注意点

① 企業のエントランス（入り口）に入るのは5分前

早すぎず、遅すぎずの時間に到着するのが基本です。面接官は、他の仕事もある中であなたとの面接に時間を割いています。ですから、遅刻は絶対にしてはいけません。遅刻しないためにも、**目的の駅に最低でも1時間前には着き、30分前には企業の場所を確認しておきましょう。**

交通事情等により、万が一、面接時間に間に合わない場合は、それに気づいた時点で企業に連絡しましょう。何事も早めの行動が大切です。

②トイレに行く

当然ですが、面接中にトイレにはなかなか行けません。事前に済ませておきましょう。

③履歴書はかばんの出しやすい位置に入れておく

履歴書の持参時は、透明なクリアファイルに入れ、出しやすい位置に保管し、スムーズに出せるようにしておきましょう。企業はそういうところも見ています。書類上の誤字脱字の確認もしっかりして、万全の態勢で臨みましょう。

④スマートフォンの電源は切る

大切な面接中に、スマートフォンから着信音が鳴ったり、マナーモード中のバイブ音が聞こえたりするのは、印象が良くありません。できれば電源は切るのが無難です。

⑤タバコは吸わない

タバコの臭いがついたまま面接に行くと印象が良くありません。吸っている本人にはわからなくても、吸わない人は不快に思うこともあるので気をつけましょう。

⑥面接会場周辺での行動にも気をつける

面接当日は、どこで誰に見られているかわかりません。過去にも、

・面接を受ける会社の近くの横断歩道を赤信号で渡る
・路上でタバコを吸う
・近くのカフェでだらしない座り方をしている

といったことがその会社の社員に見られ、面接外でネガティブな印象を持たれた事例がありました。面接官本人が見ていなくても、社内で面接官に伝わる可能性がありり

ます。

このようなことのないように、日常生活から、人に見られても良い行動をとることを心がけましょう。そうした心がけは、働き始めてからも大切なことで、悪い振る舞いを一度見られてしまうと、その印象がずっと残ってしまいます。

社会人になるという意味でも、誰も見ていないときでも「この行いは正しいだろうか」と自問自答する習慣を身に付けるのが理想です。

⑦オンライン面接の際は、面接を受ける部屋にも注意

先ほど、オンライン面接時の服装についてはお伝えしましたが、オンライン面接の際は、面接を受ける部屋にも注意が必要です（図表⑱）。

注意点は2つ。まず1つ目は、面接を受ける部屋を片付けておくこと。部屋が片付いていなくても、自分が映る部分の背景に「ぼかし」を入れることで目立たなくすることはできますが、何かの不具合で「ぼかし」が効かないことがあるかもしれません。

そうしたときに、片付いていない部屋を面接官に見られてしまうと、ネガティブな

図表⑱ オンライン面接の注意点

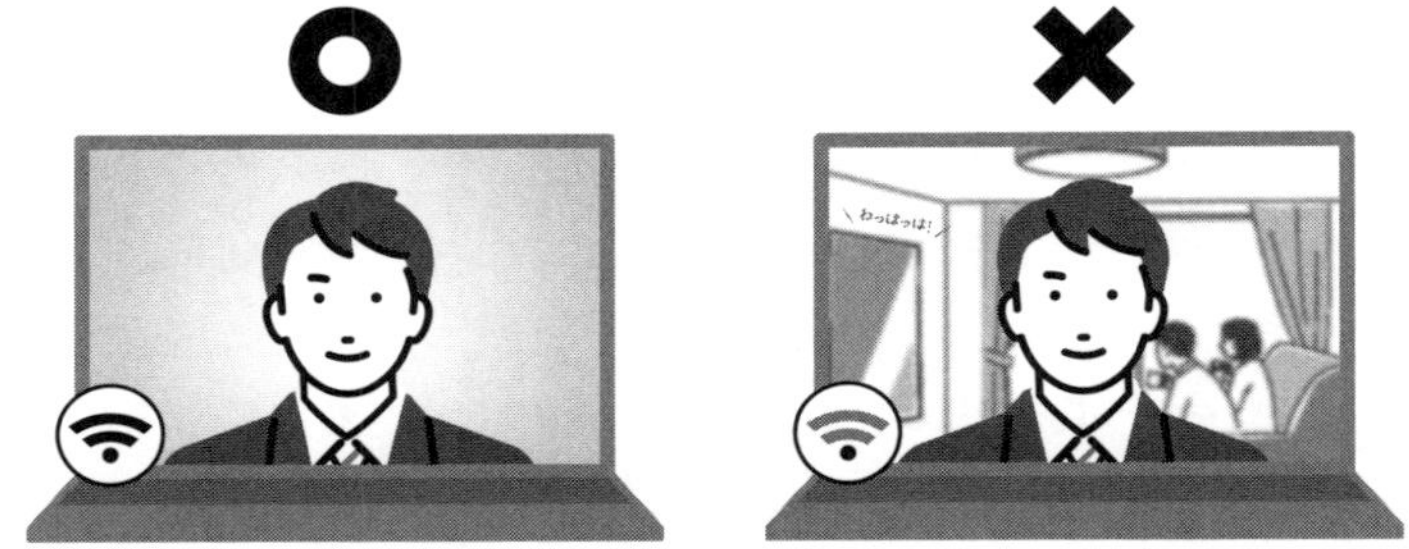

場所・背景のチェックポイント

- □ 安定したインターネット環境
- □（他者がいない）個室
- □ 静か（防音）
- □ 整った背景

印象を与えてしまうことになります。

部屋は片付けておくのがベストですが、片付けるのがどうしても難しい場合は、真っ白の壁を背景にして面接ができる場所を選ぶとよいでしょう。

2つ目は、できるだけ静かな部屋を選ぶこと。家族の生活音や工事の音等を事前にチェックしたうえで、できる限り雑音が入らない場所を選ぶようにしましょう。

ポイント 18

第一印象は3秒で決まる！準備をすれば難しくないので、しっかりと身に付けよう。

STEP

19

面接終了～内定まで

面接が終わったら、その日のうちに振り返りをしよう

「やっと、面接、終わった！」

「疲れた……。あとは結果を待つのみ」

という気持ちになるのは無理もありませんし、多くの人が共感するところだと思います。

しかし、ちょっと待ってください。面接でも仕事でも、事後の振り返りやフォローが大切です。１つ面接が終わったら、次の面接までに必ず振り返りをしておきましょう。振り返りの際は、良かった点と次回に向けた改善点に分けて、次のようにまとめるとよいでしょう。その際は、小さなことでも書いておくのがおすすめです。

○○株式会社の面接（○月○日）

【良かった点】

・過去の経験を話したとき、面接官の人が大きく頷いてくれた。
・自分では大した話ではないと思っていたが、「その話、もう少し続けてください」と興味を持ってもらえた。
・事前に準備した企業研究ノートが役に立った。
・開始前にトイレに行っておいてよかった。

【改善点】

・駅には早めに着いたものの、面接会場のビルの入り口がわからず、結局ギリギリになってしまった。次回は、もっと余裕を持って到着し、入り口まで確認しておく。
・準備していた志望動機は話せたが、面接官に納得していただけたかは自信がない。次回はもっとしっかり考えてから臨む。
・逆質問の時、質問するのに頭がいっぱいになってしまい、質問攻めのようになってしまった。次回は、相手の回答に対してきちんと返答することを意識する。

志望度の高い会社には、お礼のメールを送ろう

面接のあと、面接官や人事担当者にお礼のメールを送るのも好印象です。志望度が高い会社で、面接官か人事担当者のメールアドレスがわかるときは送るとよいでしょう。

ただ、お礼のメールは、単なる義務感で送るのでは意味がありませんし、相手にも

伝わってしまいます。送る際は、面接で感じたことを含め、心をこめて文章を書くようにしましょう。

お礼のメールを書く際の3つのポイント

お礼のメールを書く際のポイントは、次の3つです。

①面接で感銘を受けた具体的なポイントを盛り込むことで、しっかり話を聞いていたことと志望度をアピールする
②貢献する意欲を具体的に述べて、企業にとって必要な人材であることを示す
③最後に礼儀正しい言葉で締めることで、誠実さを伝える

これらのポイントを踏まえてつくったお礼のメールの例を見てみましょう。

面接の機会をいただき、ありがとうございました

宛先: xxxx@xxxx.com
件名: 面接の機会をいただき、ありがとうございました

◎◎株式会社
採用担当 〇〇様

お世話になっております。
本日、貴社の選考において面接の機会をいただきました、
△△△△と申します。

本日はお忙しい中、面接のお時間をいただき誠にありがとうございました。面接を通じて、貴社の業務内容や具体的な取り組みについてより深く知ることができ、大変勉強になりました。また、〇〇様のご説明を通じて、社員の皆さまが持つ目標に向かう情熱や、職場全体のチームワークの大切さを強く感じ、ますます貴社で働きたいという思いが強まりました。

特に、〇〇様がお話しくださった「□□(具体的な話題や印象的なポイント)」に感銘を受けました。私の強みである◇◇を活かし、貴社に貢献できる可能性をより強く感じております。

もし追加のご質問などございましたら、いつでもお知らせください。また、次の選考について何か進展がございましたらご連絡いただけますと幸いです。
貴社の今後のご発展をお祈り申し上げます。どうぞよろしくお願いいたします。

△△△△
メールアドレス:xxxx@example.com
電話番号:xxx-xxxx-xxxx

内定をもらったときにやるとよい3つのこと

面接から数日が経ち、内定の連絡がきた……！

その会社から認められたということであり、とてもうれしい瞬間です。

志望度の高い会社であれば、舞い上がった気持ちで「この会社に行くしかない！」と思うかもしれませんし、面接は受けたもののそれほど志望度の高くない会社であれば、「内定をとったのはうれしいけど、この会社に決めていいのかな……」と迷いが出てくるかもしれません。

いずれにしても、内定をもらったときにやるとよいのが、

①企業にすぐに返事をするのではなく、一晩寝かせてみる（1日、落ち着いて考えてみる）

②その時間で、自分のキャリアビジョンと照らし合わせたり、その会社で働き始めた自分を想像したりして、「しっくりくる」かどうか考えてみる

③周囲の人に話し、意見を聞いてみる

ということです。

③については「親に相談したら反対されるかも」と思う人もいるかもしれませんが、そういう人はなおさら、報告・相談したほうがよいでしょう。

なぜなら、親に納得してもらえないということは、自分のキャリアビジョンが不明確であったり、定まっていなかったりする可能性があるからです。話してみて「いいんじゃない？」と言われたならば、自信を持って就職すればよいのです。

なお、親やパートナー等、周囲の人に対しては、できれば就職活動を始めた直後から、その旨を伝えておくのが望ましいでしょう。

「今、こんなふうに活動してるんだ」
「こういう業界に興味があるんだよね」
「将来はこういうふうになりたいと思ってる」

というようなコミュニケーションをとっておけば、周囲の人も安心するでしょうし、内定をとるまでのプロセスを見ている分、「いいんじゃない？　応援するよ」と言ってくれやすいものです。

内定をとったことを周囲の人へ報告することは「宣言効果」にもつながります。「結婚式をした夫婦のほうが、していない夫婦よりも離婚する確率が低い」という話を聞いたことがあります。

それと同じで、「この企業に就職します！」と宣言することで、仕事へのモチベーションがアップし、たとえ仕事で挫けそうなことに直面しても、**「あのときにみんなに宣言したんだから、頑張ろう」と自分を奮い立たせることができる**ようになります。

面接を受けたけど、落ちてしまった……そんなときの考え方

逆に、面接を受けたけど、落ちてしまった……、そんなこともあるかもしれません。頑張って準備したのに落ちてしまったら、とてもショックですよね。

そのときの対応として一番避けたいのは、たとえば1社受けただけで「やっぱり自分はダメなんだ」「～の経歴があるからダメなんだ」と落ち込んでしまい、就職活動をやめてしまうことです。

面接に落ちたことで自分を卑下したり、ダメな人間だと思う必要はまったくありません。私はこれまで、何社もの面接に落ちてもあきらめずに受け続け、最終的には自分に合った会社から内定をもらって就職した、という人を大勢見てきました。

その中には、就職後、周囲や顧客から高い評価を受けて活躍している人もたくさん

います。

落ちてしまったとはいえ、**一歩踏み出したことは大きな前進です**。面接のために準備してきたことも、落ちてしまった経験も、あなたの糧になります。ですから、前進している自分に自信を持ち、自分を必要としている会社が必ずあると信じて、歩みを止めないようにしましょう。

ポイント 19

面接が終わったら、しっかり振り返りをしよう。それが納得いく就職活動のポイント。

STEP 20

入社が本当のスタート！ ～再度、気を引き締めよう～

入社に向けての準備リスト

新しい職場でのスタートを成功させるためには、事前準備が大切です。新卒採用の場合、初出社まで長ければ1年ぐらいの期間があるかもしれませんが、中途入社、特に離職中の人の場合は「内定から2週間後」ということもあり得ます。

そんなとき「何を準備したらいいの？」と不安を感じることもあるでしょう。以下に代表的なものを列挙しますので、このリストに沿って進めて、安心して初日を迎えましょう。

入社前に準備すべきことリスト

①必要な持ち物の準備

提出書類（年金手帳、住民票、健康診断書など）や筆記用具、通勤用かばんなどを揃えます。引っ越しが必要な場合は、生活インフラの手続きも忘れずに。

②身だしなみの確認

服装やヘアスタイル、靴などを整えて清潔感を意識しましょう。「自信を持てる自分」をつくる準備です。

③入社時の挨拶・自己紹介内容の準備

挨拶の場があれば、「志望動機」や「目指す社会人像」を簡単に伝える練習を。趣味なども交えると話が弾みます。

④会社の基本情報の確認

会社名や社長の名前、業界の特徴を把握しておくと安心です。小さな気遣いが信頼につながります。

⑤生活習慣の見直し

朝型の生活に切り替え、通勤ルートを試しておくと、初日も余裕を持って臨めます。

こうした準備を一つひとつ進めることで、新しい環境への不安は少しずつ和らぎ、自信がついてきます。「できることからやる」という姿勢が、スタートを成功に導きます。

その他の内容としては、入社までに期間があって、入社後に社用車を運転する可能性がある場合は、教習所に通うのも良いでしょう。

ちなみに私は、入社までにパソコンのタイピング、ワード、エクセル、パワーポイントの練習をした記憶があります。

活躍する社会人になるための働き方

入社日を迎えたら、いよいよ社会人生活のスタートです。上司や先輩からさまざまなことを教わって、あなたはできることを一つずつ増やしていくことでしょう。入社から3か月も経てば、職場にもかなり慣れて、何か仕事を任されているかもしれません。

その頃、または1〜2年ぐらい経った頃に、あなたは自分が担当する仕事について「自分が希望していた仕事ではない」「イメージと違う」などと感じることがあるかもしれません。むしろ、「今の仕事は、自分の希望と完全に一致していて、とても幸せだ」という人のほうが少ないかもしれません。

そんな時には、図表⑲にある4つのステップを意識しながら仕事に取り組むことを私は勧めています。

ステップ① 苦しいけれど頑張る

最初（入社直後）は、図表⑲の左下です。入社直後なのでできることは少なく、また、あなたにとってやりたい仕事は少ないか、場合によってはまったくないかもしれません。「つらい」と感じることがあるかもしれませんが、それでも地道に努力を重ねることで、少しずつできることが増えていきます。

ステップ② 評価される・頼りにされる

「できること」が増えた状態が、左上です。やりたくない、というのは変わらないかもしれませんが、地道な努力によってできる状態になれば、周囲からの信頼や評価は高まります。そうすると、「〇〇さんが希望する仕事を任せてみよう」と、やりたい仕事ができるチャンスがめぐってきやすくなります。

図表⑲ 仕事力を磨く働き方

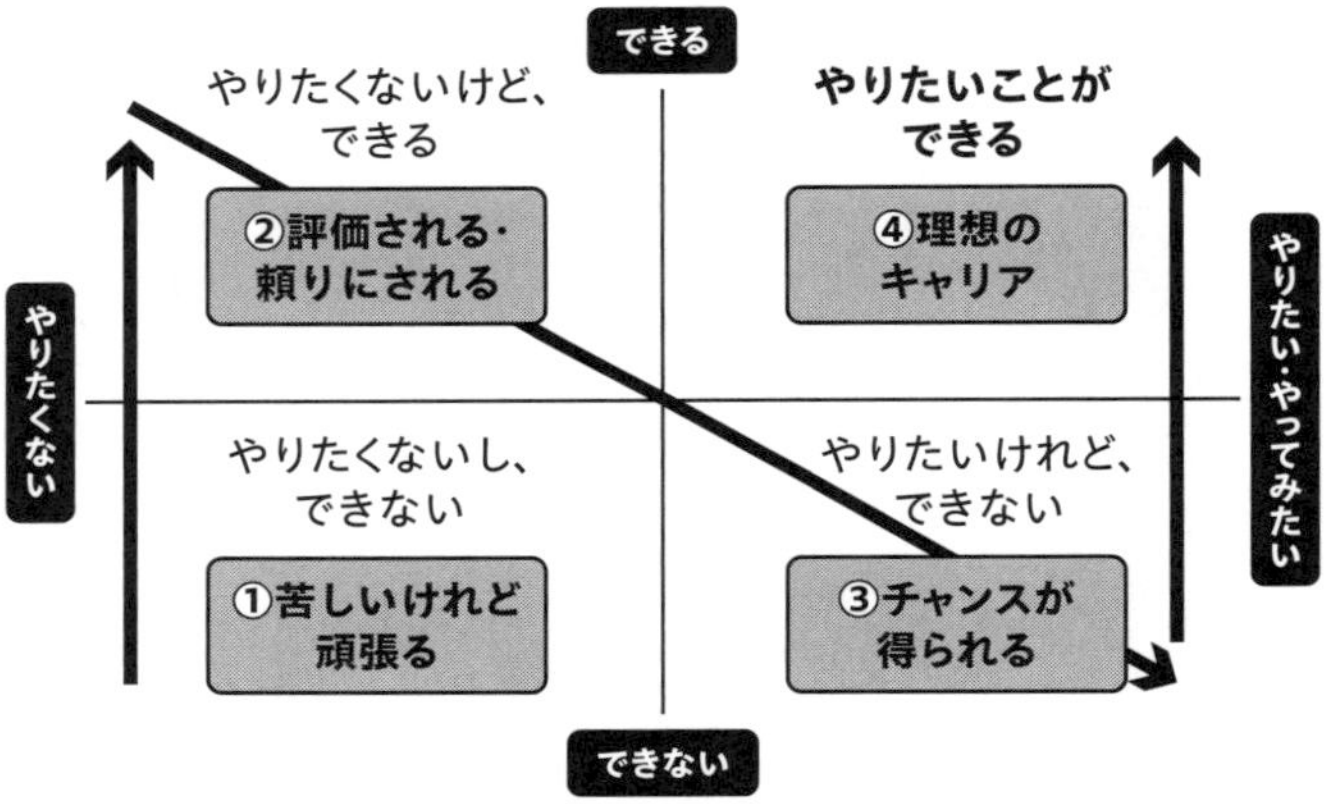

出典：2025　JAIC就職カレッジ　All rights reserved.

ステップ③ チャンスが得られる

チャンスをつかみ、「やりたいこと」に挑戦するのが右下です。最初はできませんが、懸命に取り組むうちに、できるようになっていき、右上の状態になります。

ステップ④ 理想のキャリア

「やりたいこと」に全力で取り組み、成果を上げられるようになった状態が、右上です。この状態になると、さらに多くのことを任され、最終的には自分で仕事を選べるようになります。これが理想でしょう。

重要なのは、どんな仕事、どんな働き方をしていても**「選ばれる自分」になることを意識して取り組むこと**です。所属する組織やお客様に必要とされる自分を目指すことが、自由な働き方を手に入れる鍵となります。早くそうした自由を手に入れたいのならば、若いうちに基礎的な仕事力を身に付け、経験を積み重ねることが必要です。

応援される人になろう

就職したらどんな人になってほしいか――。

私はぜひ**「応援される人」になってほしい**と思っています。

応援されることは、スキルを身に付けること以上に大切です。

応援されるためにもっとも重要なのは「相手目線」です。

「相手目線」とは相手の立場に立って考えられることであり、コミュニケーションの基本でもあります。

世の中のどんな仕事も、自分一人で完結する仕事はありません。また、就職した会社を短期間で辞めてしまう主な原因の1つが「人間関係」です。「人間関係」といってもいろいろなケースがあり、本人を責められない場合もありますが、相手の立場に立って行動すれば防げた離職も相当数あるのではないかと思います。

また、応援してくれる人が「社内（同じ会社の人）」だけでなく、「社外（違う会社の人）」にまで広がると、成長速度はぐんと上がります。

私の少し苦い思い出ですが、新人時代に大阪で働いていた頃、ある企業の社長様から大変なお叱りを受けたことがあります。お叱りは2時間くらい続きました。正直なところ、心が折れてしまいそうでしたが、その後、何度も足を運んで、解決策を考え、実行に移していくことで、最終的にはとても喜んでいただきました。その後、私にとっては一層縁のあるお客様となり、私が異動で大阪を離れる際は、ブランドものネクタイをプレゼントしてくださいました。

2時間お叱りを受けるのはおすすめしませんが、1つだけお伝えしたいのは、社内の人に対しても社外の人に対しても、本気で、真摯にコミュニケーションすることを心がけてほしいということです。


あなたが相手のことを真剣に考えていれば、それは相手にも伝わります。

あなたが積極的に自己開示すれば、相手も心を開いてくれます。

仕事は順風満帆なことばかりではありませんが、**小手先のテクニックではなく、「相手目線」で考えることを徹底していけば、きっと良い方向に向かう**と私は信じています。

ポイント 20

入社が本当のスタート。

まずは周囲から「応援される人」になることがキャリアを広げる第一歩!

あとがき

「もっと早くジェイックに出会っていればよかった!」

「就職カレッジ®」をはじめとするジェイックのサービスを利用した人から、そう言っていただけるのはうれしい反面、

「もっと早く、情報をお届けしたかった……」

と思うことも少なくありません。

この本を書いたのは、**「もっと早くジェイックに出会っていれば良かった!」と思う人を1人でも減らすため**でもあります。

就職活動を進める中で、不安や迷いを感じることは決して珍しいことではありません。本書を手に取ってくださったあなたも、もしかしたら「自分に自信がない」「就職活動がうまくいくか不安だ」といった気持ちを抱えているかもしれません。

20のＳＴＥＰを通じて、あなたが働くことへの「自信」を見つけ出し、それを育てていく――本書がそのきっかけになればうれしく思います。

本書でお伝えした内容は、すべて実際に多くの若者が経験してきた変化に基づいています。

「就職カレッジ®」をはじめとした支援プログラムに参加したフリーター、中退者、第二新卒のみなさんが、一歩を踏み出して社会人となり、さまざまな業界で活躍する姿を私たちは何度も見てきました。自分を見つめ直し、努力を積み重ね、社会での役割を見つけていく彼ら、彼女らの姿は、多くの人に勇気を与えてくれます。

この本を読み終えた今、あなたの中に何か新しい気づきが生まれているかもしれません。就職活動は、ただ仕事を探すだけではなく、あなた自身の可能性を見つける大切なプロセスです。そして、その可能性を信じることこそが、「はたらく自信」につながります。

はたらき始めることは、単に「仕事をする」というだけではありません。それは、誰かの課題を解決し、喜びを提供することに直結しています。自分の仕事を通じて誰かに感謝される経験を積み重ねていけば、あなたはさらに自分の価値を実感し、あなたの強みはより輝き始めるでしょう。

あなたが踏み出すその一歩は、あなた自身の人生をより豊かにするだけでなく、社会全体を明るく照らします。自分の可能性を信じ、仕事を通じてその可能性を羽ばたかせていく道のりを、ぜひ楽しんでください。

改めて、本書を手に取っていただき、本当にありがとうございました。あなたが自分らしく輝けるキャリアを、心から応援しています。

2025年4月

株式会社ジェイック　執行役員
柳井田　彰

ジェイックの就職支援サービス「就職カレッジ®」について

本書では、フリーター、中退者、第二新卒の人が就職活動を始めるときに知っておくとよい考え方や就職活動におけるポイントについてお伝えしてきました。参考になった部分があればうれしいですが、みなさんの中には、

「参考にはなったけど、自分の強みが何なのかわからない」
「自分の強みが活きるのはどんな仕事や会社なのか、知りたい」
「自分の経歴は、どう伝えるのがベストなんだろう……」
「なりたい社会人像も、正直あまり思い浮かばない」

といった方がいらっしゃるかもしれません。

そうした方は一度、私が所属するジェイック「就職カレッジ®」の就職アドバイザーに相談してみるのもよいかもしれません。「就職カレッジ®」には、フリーター、中退者、

第二新卒の方が、毎日40～50人ぐらい相談にいらっしゃいます。
その中には、「オンラインで家から相談できるし、就活の参考になるかと思って申し込んでみた」といった方も多くいらっしゃいます（なお、相談者への事後のアンケートでは、約9割の方が「満足した」と回答してくださっています）。

また、「就職カレッジ®」では、ビジネスマナーなどをイチから学べたり、面接対策講座を受講できたりするなど、未経験者でも最短2週間～1か月程度で就職できる環境を整えています。さらに、入社後研修や相談窓口を設けるなど、アフターフォローにも力を入れており、未経験の人でも安心して就職活動をすることができます。

興味のある方は、こちらも利用を検討してみてください。ご質問などありましたら、お気軽にお問合せください。

就職カレッジ®についてはこちら。
就職アドバイザーへの相談も
こちらから相談できます

柳井田 彰
（やないだ・あきら）

株式会社ジェイック　執行役員
若年層の就職支援や企業の採用支援を行う株式会社ジェイック（東証グロース上場）にて、採用コンサルティング等に従事。現在は、AIを活用した面接練習アプリ「steach®」の開発責任者も務める。国家資格2級キャリアコンサルティング技能士。趣味はマラソン。

はたらく「自信」のつくり方
──未経験からの正社員就職に失敗しない方法

2025年4月22日　第1刷発行

著者	柳井田 彰
発行所	ダイヤモンド社 〒150-8409　東京都渋谷区神宮前6-12-17 https://www.diamond.co.jp/ 電話　03-5778-7235（編集）　03-5778-7240（販売）
装丁・本文デザイン	鈴木大輔、江﨑輝海（ソウルデザイン）
編集協力	池口祥司
イラスト	斉藤ヨーコ
校正	鷗来堂
製作進行	ダイヤモンド・グラフィック社
印刷	堀内印刷所（本文）・新藤慶昌堂（カバー）
製本	ブックアート
編集担当	加藤貴恵

©2025 Akira Yanaida
ISBN　978-4-478-12129-0
落丁・乱丁本はお手数ですが小社営業部宛にお送りください。送料小社負担にてお取替えいたします。
但し、古書店で購入されたものについてはお取替えできません。
無断転載・複製を禁ず
Printed in Japan